·本书获得桂林学院学术著作出版资助·
·本著作系2017年度广西高等教育本科教学改革工程项目
·"应用型高校阅读学分制的构建与实践研究——以广西师范大学漓江学院为例"（2017JGA373）的研究成果·

应用型高校阅读学分制的构建与实践研究

韦恩洁　韦加法◎著

吉林人民出版社

图书在版编目（CIP）数据

应用型高校阅读学分制的构建与实践研究 / 韦恩洁，韦加法著.-- 长春：吉林人民出版社，2022.5
ISBN 978-7-206-19097-1

Ⅰ.①应… Ⅱ.①韦… ②韦… Ⅲ.①高等教育—读书活动—学分制—研究—中国 Ⅳ.①G642.471

中国版本图书馆CIP数据核字（2022）第257295号

责任编辑：刘　学
封面设计：清　风

应用型高校阅读学分制的构建与实践研究
YINGYONG XING GAOXIAO YUEDU XUEFENZHI DE GOUJIAN YU SHIJIAN YANJIU

著　　者：韦恩洁　韦加法
出版发行：吉林人民出版社（长春市人民大街7548号 邮政编码：130022）
咨询电话：0431-85378088
印　　刷：长春市昌信电脑图文制作有限公司
开　　本：787mm×1092mm　　　1/16
印　　张：10.25　　　　　字　　数：160千字
标准书号：ISBN 978-7-206-19097-1
版　　次：2022年5月第1版　　　印　　次：2023年1月第1次印刷
定　　价：58.00元

如发现印装质量问题，影响阅读，请与印刷厂联系调换。

《漓江学术文库》编委会

学术顾问：张葆全
主　　编：杨树喆
副 主 编：杨庆庆
委　　员：（按姓氏笔画排序）
　　　　　卢家宽　朱剑飞　刘宪标　张小春
　　　　　何平静　陈　红　陆奇岸　吴璟莉
　　　　　周世中　郭　庆　黄瑞雄　梁燕玲
　　　　　傅广生　谢世坚　蒋团标　韩　明
　　　　　阙　真

《漓江学术文库》序

桂林学院是一所经教育部批准设置的国有民办普通本科高校,由广西壮族自治区教育厅主管、桂林新城投资开发集团有限公司举办。学校前身系广西师范大学与社会投资方于2001年5月合作创办的广西师范大学漓江学院;2004年1月,经教育部批准取得"独立学院"办学资格;2021年5月,教育部致函广西壮族自治区人民政府,同意广西师范大学漓江学院转设并更名为桂林学院。桂林学院走过的每一步,都已留下或必将留下深深的印迹,我们是或将是这历史印迹的创造者和见证者。《漓江学术文库》将承担这样的使命:收录以桂林学院名义资助出版的本校自有教师的学术著作,留下学术档案。

学校秉承"向学、向善,自律、自强"校训精神和"至善"办学理念,立足"两型"(教学型、应用型)、"两性"(地方性、综合性)和"一化"(国际化)发展定位,坚定"规范高效、特色鲜明、质量与就业双优的国有民办城市大学"发展目标,培养德智体美劳全面发展、基础扎实、知识宽厚、具有"至善"品格的应用型、技术技能型人才。学校先后被评为"广西高校安全文明校园""广西卫生优秀学校"。2018—2021年连续四年蝉联"广西普通高校毕业生就业创业工作突出单位"荣誉称号。

桂林学院设有语言文学学院、经济与管理学院、商贸与法律学院、教育与音乐学院、体育与健康学院、传媒学院、设计学院、理工学院、马克思主义学院/至善学院(合署)等9个二级学院。学校按"一体三翼四集群"(以城市服务类专业群为主体、教育文化类和工程技术类专业群为左右翼、体育康养类专业群为尾翼)框架布局学科专业,开设普通本科专业52个,涵盖经、管、法、文、教、艺、理、工等学科门类。建有广西民办高校重点建设专业8个、广西高校特色专业2个、广西高校转型试点专业

（群）1个、广西高校自治区一流本科专业建设点8个和一流本科课程7门。获得高等教育自治区级教学成果一等奖1项、二等奖5项、三等奖3项，广西社科研究优秀成果一等奖1项、二等奖2项、三等奖2项。

名城孕育名校，名校滋润名城。着眼于"十四五"，桂林学院全体师生将以深入学习贯彻习近平总书记关于教育的重要论述和贯彻落实民办教育新法新政精神为己任，对标对表落实教育部致自治区人民政府《关于同意广西师范大学漓江学院转设为桂林学院的函》的部署要求，全力奋战"四项重大任务"和"六项建设工程"，为全面建成"校城双向赋能融合发展新典范的国有民办城市大学"而不懈努力！

在这承前启后之际，学校继续推动《漓江学术文库》建设工作，对本校自有教师完成的学术著作给予资助出版，其意义不言自明。文库收录的著作坚持高标准、严要求，精益求精，须经学校学术委员会、文库编委会先后审议通过后，送出版社审定出版，力求全面展现学校教师的学术成就和水平。

为做好文库的编辑出版工作，我们专门成立了以广西师范大学原校长、古代文学研究专家、我校终身教授张葆全先生为顾问的文库编委会，并得到了全校教师的大力支持。广大教师长期以来的不懈努力和艰辛探索而创造的丰富学术成果，为本文库的编辑出版奠定了坚实基础。尽管学校学术委员会和文库编委会秉持精选精助的原则，严把资助关，力求所资助出版的每一本著作都成为学术精品，但也难免出现疏漏和差错，敬请各位读者不吝赐教！

《漓江学术文库》编委会
2022年6月

序

在人类构筑的文化当中,书大概算是最具划时代意义的发明了。在只有口头语言文化的远古时代,人类耗费了无数年月,也未能实现文明的大进步。文字的出现,促进了人类积累和传递知识的技巧,继而四大文明诞生,社会开始飞速发展,直至今日。

在这个过程中,文字的载体从石板、木简、竹简进化到纸,最终固定为"书"这种极其便利的形式。可以毫不夸张地说,人类的发展历史是由书构筑起来的,也是由书传承下来的。书的重要性,值得人类永远铭记。

正因如此,读者自身的蜕变才显得至关重要。我们得知道什么是读书,为什么需要读书,以及读书对于人生的意义。

因此,对于高校来说,如何培养学生的阅读兴趣和阅读动力,提升大学生人文素养,提高图书馆馆藏图书利用率,是应用型本科院校迫切需要解决的问题。本书以学分制背景下的阅读学分制作为研究切入点,将学分和阅读相关联,力求以阅读学分为途径,提高学生阅读积极性,从而培养大学生阅读习惯和自主学习理念,提高大学生的人文素养。

选课制度的产生和发展促进了学分制的诞生。在18世纪末德国首先启用了选课制,作为一种相对自由的教学制度,选课制允许学生对学科、专业以及课程等进行自由选择。选课制于1779年被时任美国总统托马斯·杰斐逊引入威廉·玛丽学院,该教学制度在发展过程中也不可避免地遇到了瓶颈,即如何对学生取得学位完成的学习量进行计算。在这一背景下学分制应运而生,学分制是社会发展的产物,能适应市场经济发展、多样化人才培养以及科技发展的新需求。作为一种教学管理制度,学分制的基础是选课制,学生学习量计算和衡量的单位是学分,学生毕业前要获得作为评判标准的最低总学分。

在传统的教学管理模式中，教学和管理的单位是院系、专业、年级和班级，学分制打破了这一模式，以课程体系、选课制度、弹性学制、学分管理、绩点制度以及导师制度作为主要内容。在高等教育中，随着教育教学思想的转变、教学管理制度与教育体制的改革、教学管理机制的创新，以人为本的学分制已经变成改革发展的趋势所在。学分制能把学生的主体作用以及学校的主导作用充分发挥出来，提供给学生选课的自由，同时发挥学生择业的自主性。学分制的优点很多，包括多样化的培养模式、有弹性的学习进程、可选择的学习内容、教师和学习时间选择的灵活性等。

从实质上来说，学分制是教学安排、计划以及方法的灵活性体现。随着科学技术的不断创新和发展，各种高新技术逐渐在高校图书馆工作中得到广泛应用，促进了高校图书馆的阅读信息化、数字化以及网络化发展。在高校图书馆中，传统的平台建设以及阅读模式已经跟不上时代潮流的发展趋势，其需要搭建一个与学分制管理模式发展相适应、与广大读者的需求相吻合、能体现出高校图书馆价值的阅读创新平台。

"南有樛木，葛藟累之。"非常有幸，我校能够聚集一批如韦恩洁馆员为代表的图书馆工作者，他们把自己的热情倾注在图书馆事业上，把智慧运用在提高学生综合素质中。

阅读学分制在中国仍是新鲜事物。从1到N需要的是努力和时间，但是从0到1则更需要多一分胆气与坚守。我祝愿这些孤勇的先行者百折不挠，扫荆棘，除飓雾，走出一条符合应用型本科院校特点的坦途。

杨树喆

2022年4月20日

（作者系桂林学院校长）

前　言

本书第一作者从事高校图书馆管理及研究工作十五年，专注于高校图书馆管理实务，潜心相关理论研究。在高校图书馆管理工作和相关研究过程中，笔者合作着力于高校图书馆数字化建设和大学生阅读活动的策划、组织和实施，策划了"日常经典诵读""年度图书评论"等众多大学生阅读推广活动。其间，我们参与"应用型高校阅读学分制的构建与实践研究——以广西师范大学漓江学院为例"等课题研究，撰写结题报告，整合叙述研究成果，对我们从事多年的高校图书馆管理与科研工作进行了总结。图书馆学和高等教育学研究相结合，对高校图书馆管理和服务体系的构架在新时代背景下进行深入研究，分享我们在高校图书馆学研究的心得，是我们出版这部研究著作的初衷。

阅读是提升高校学生人文素养的重要途径，如何有效引导和激励高校学生积极自主阅读，具有图书馆学研究价值，也是高等教育研究值得重视的课题。浙江财经学院于1997年开始推行"读百本书"活动，并于2001年将此阅读教学活动正式纳入学分制管理，这是我国高校阅读学分制模式的发端。近年，桂林学院图书馆在高校图书馆学分制研究和实施方面做了很多探索和实践。

本书属图书馆学与高等教育管理学交叉学科理论与实践研究。我们结合桂林学院图书馆为代表的应用型高校图书馆实践案例，探讨了新时代背景下高校图书馆立足高校服务教学的两大基石——坚守高校图书馆办馆宗旨与创新高校图书馆服务路径。我们在写作中，以理论结合案例的方式，对高校图书馆的高等教育功能进行了模式探索。在这本书里，我们研究了高校图书馆管理者增加宽口径图书情报学和高等管理学知识储备，主动顺应高等教育信息化快速发展趋势，积极投身图书情报服务体系的媒体融合发展，加快实现优质内容资源融合传播的模式。在这本书里，我们探讨了应用型高校阅读学分制的构建，试图对应用型高校图书馆拓宽业务领域，探索高质量服务高校人才培养的路径进行较为深入的研究。

本书的逻辑框架主要包括以下四个部分：

第一章为高校阅读学分制的理论基础。概述阅读学分制的实践仍处于起步阶段，具有学分制的基本优点，有效地影响和干预了学生的阅读行为，在培养学生阅读意识、提升阅读能力、丰富文化生活、提升文化素养等方面都有促进作用，由此赢得了教育界、图书馆界的关注。

第二章为应用型高校阅读学分制的构建路径。以阅读学分制的意义，阅读学分制的横向、纵向及阅读课程设计，阅读学分制的设置与认定，论述阅读学分制的构建路径起到教学相长的良好效果。

第三章为应用型高校阅读学分制的实践与效果——以桂林学院为例。本章主要目的在于从图书馆入馆教育类、阅读推广讲座类、阅读推广诵读类、阅读推广观（读）后感类、信息资源检索类等五类项实践层面系统总结和概括应用型高校阅读学分制的效果。

第四章为应用型高校阅读学分制的反思与讨论。最后章节结合前述内容，探讨应用型高校阅读学分制在实施过程中的困境，并反思全民阅读环境下应用型高校阅读学分制构建的价值所在。

本书第一作者韦恩洁完成此书第一章至第三章第一节，十余万字，第二作者韦加法完成此书第三章第二节至第四章应用型高校阅读学分制的反思与讨论，近十万字。

本书获桂林学院2022年度学术著作出版资助，感谢桂林学院对我们学术研究的认可，感谢桂林学院图书馆为我们撰写本书提供平台。

桂林学院
韦恩洁　韦加法
2022年6月

目　　录

第一章　高校阅读学分制的理论基础 ……………………………………001
　　第一节　高校图书馆阅读推广理论基础 …………………………001
　　第二节　学分制理论基础 …………………………………………008
　　第三节　高校阅读学分制的起源 …………………………………017

第二章　应用型高校阅读学分制的构建路径 ……………………………019
　　第一节　阅读学分制的意义 ………………………………………019
　　第二节　阅读学分制的设计 ………………………………………021
　　第三节　阅读学分制的设置与认定 ………………………………033

第三章　应用型高校阅读学分制的实践与效果——以桂林学院为例 ……039
　　第一节　应用型高校历年阅读推广活动实践 ……………………039
　　第二节　应用型高校典型阅读推广类活动一览 …………………089

第四章　应用型高校阅读学分制的反思与讨论 …………………………128
　　第一节　高校阅读学分制在实施过程中的困境 …………………128
　　第二节　高校阅读学分制的建议与思考 …………………………136

参考文献 ……………………………………………………………………151

第一章 高校阅读学分制的理论基础

第一节 高校图书馆阅读推广理论基础

一、高校图书馆阅读推广概念及要素

"阅读推广"这一词汇在图书馆学里虽然经常提到，但是关于它的定义，目前学界仍没有统一的、权威的界定。不过，图书馆界有很多著名学者表达了自己对阅读推广的理解，例如于良芝教授认为"阅读推广是一种图书宣传介绍、与读者进行互动的活动，其目的在于培养读者的良好阅读习惯、扩大读者的阅读兴趣"。程大立认为"阅读推广就是图书馆相关部门为了提高读者的阅读水平、培养读者的阅读兴趣，并使其养成良好阅读习惯所进行的所有工作的统称，是图书馆学的一个重要组成部分"。综合学者们对阅读推广的理解，我们可以这样理解阅读推广的含义：图书馆的阅读推广是图书馆利用其信息资源、设备设施、专业团队和社会关系等各种条件，鼓励各类人群成为图书馆的拥护者，并培养其阅读兴趣养成阅读习惯或提升其信息素养的各种实践。即相关组织通过开展一系列的活动来推动人们积极阅读、爱上阅读、养成良好的阅读习惯，同时让越来越多的人接触阅读、喜爱阅读、享受阅读带来的乐趣，在全社会范围内营造一种良好的阅读氛围。

通过总结公共图书馆阅读推广活动和理论实践，笔者尝试构建了高校图书馆阅读推广服务框架，认为它主要有用户、主体、载体、渠道、活动这五大要素。下面详细介绍这5个要素。

用户。与公共图书馆和其他社会机构不同，高校图书馆阅读推广活动

的用户主要是学生和教师。虽然很多学者一直在提倡将高校图书馆服务的对象社会化，但从具体实践来看，大部分高校图书馆所开展的阅读推广活动主要是以学生为主，制定的阅读推广策略基本都是满足学生的需要，不仅忽视了社会群体，甚至忽视了教师群体。不可否认，高校图书馆服务对象社会化还需要付出很大的努力，但教师这个群体不应该忽略。在高校，教师数量庞大，是高校图书馆的主要阅读群体之一，因此应该积极推动教师阅读。教师要言传身教，自己热爱阅读，带动学生一起阅读。

主体。高校图书馆应该合理利用校内的各级资源、协调好各个部门的积极性，对阅读推广活动进行统筹安排，以此来组织起一个健全的阅读推广机构，更好地为高校学生提供各类别的阅读指导。可以肯定的是，目前很多高校图书馆阅读推广活动的主体是图书馆，高校图书馆阅读推广活动一般只由图书馆一个单位组织开展，但从目前阅读推广活动取得的效果来看，这一主体是需要扩大的。实践证明仅仅依靠图书馆一个单位组织开展阅读推广活动，所取得的效果不会达到预期的目标，同时活动的知晓度、参与的学生人数、学生参与的积极性也会受到一定的限制。这是因为图书馆作为一个学校的文献信息中心，虽然可直接管理学校文献资料，但是却不直接管理学生，很难与学生有很多的沟通。图书馆的内部工作人员可建立一个阅读推广组织，例如成立一个阅读推广委员会，主要任务是策划有关的推广活动，并在活动过程中维持秩序等。另外，在学生中同样可成立一个相关的组织，例如阅读推广学生志愿者协会，通过这个组织来加强图书馆与学生的接触。高校图书馆、学校相关部门和学生志愿者协会联合起来开展阅读推广活动，可在很大程度上凝聚高校图书馆阅读推广主体的力量，这使得高校图书馆阅读推广活动可以得到更多的支持，有利于顺利地开展阅读推广活动。

载体。高校图书馆阅读推广的载体包括传统纸本和电子资源。传统纸本就是指纸质文献，电子资源主要是指电子数据库。高校图书馆是高校内部的文献信息中心，文献资源数量非常庞大，每年图书馆都会花费很多经费在购买资源上。图书馆的资源不仅多，而且质量也要得到保证，买进来的资源都是经过图书馆工作人员认真考虑和斟酌的，考虑到了不同专业、不同年级学生的需求。高校图书馆一般收录国内外较高水平的文献资源，基本上可满足全校师生的需求。纸质文献的阅读推广相对于电子资源要容易些，因为纸质文献学生们从读书开始就已经接触，而电子资源的使用则需要图书馆工作人员给予一定的指导。

由于互联网技术的迅猛发展，阅读的载体发生了天翻地覆的变化，因而阅读推广活动既要重视传统纸质阅读，也要利用现代化技术手段满足现代读者的阅读要求，大力推行现代化的电子阅读，通过使用各种阅读方式，让阅读全方位地走进读者生活。

渠道是阅读推广的平台，包括传统渠道和新媒体。高校图书馆在阅读推广的过程中利用多种渠道对阅读活动进行宣传，可让更多的学生知道阅读推广活动。高校阅读推广活动参与人数不多的一个很重要的原因就是阅读推广活动的宣传不到位，有很多学生根本就不知道世界读书日，也不知道学校开展了阅读推广活动，因此高校图书馆有必要将传统渠道和新媒体结合应用在阅读推广活动宣传上，如在图书馆网页发布阅读推广活动信息、拉横幅、发宣传单等，还可利用微博、微信等新媒体渠道推广阅读活动。

活动丰富多彩是阅读推广能否得到有效开展的关键因素。不可否认，当前高校图书馆所选用的阅读推广活动内容基本相同，很少有特色的活动。高校图书馆要在借鉴别的高校图书馆特色阅读推广活动的基础上，结合自身实际情况，推出有创意的活动内容，才能使阅读推广深入人心，吸引更多的人参与到阅读活动中来。

二、影响高校图书馆阅读推广的因素

馆藏资源。在馆藏资源建设方面，图书馆应基于读者的要求，联系高校自身学科建设从而构建科学、合理、全方位的馆藏资源体系，为阅读推广模式的选择、阅读推广活动的开展提供有效的保障。

内部构造。高校图书馆内部建设应分为软、硬两种构造，软、硬两种构造是相辅相成的。软构造是基于该次阅读推广活动的主题，对图书馆内部空间进行小范围的装饰整理，使读者在进行交互分享时能完全地融入主题。硬构造相较于软构造更加强调高校图书馆的整体舒适感，通过对图书馆大厅桌椅、查询机等一系列内部基础设施的改造，为读者提供更加舒适的环境，在读者参与交互的过程中，能够获得更多的外部支持。

技术服务。高校图书馆在进行阅读推广活动选题时，基于学生读者心态，会挑选较为新颖或较为超前的科技新成果作为推广主题，因此技术服务对阅读推广模式选择也有较大的影响。高校图书馆应关注新型技术的发展，如VR、人工智能等，促进阅读推广活动的发展。

馆员素质。阅读推广虽已成为图书馆工作中较为重要的一环，但多数高校图书馆并未将阅读推广活动作为一项独立的工作加以重视。大多数高校图书馆进行阅读推广工作的馆员只是临时从教师和学生中征调，他们的阅读推广指导经验不足，导致活动难以长期坚持。因此，高校图书馆应引进专业人才，满足高校阅读推广的需要。

三、高校图书馆阅读推广的特点

系统性。高校图书馆的馆藏资源和其他组织或机构的阅读资源相比，最大的不同在于高校图书馆的馆藏资源是经过高校有序组织的，凡是可以进入高校图书馆馆藏体系内部的资源，都是经过筛选加工的，具有一定的权威性，并且其自身就带有许多知识间的关系描述。因而，高校图书馆进行的阅读推广可做到比其他的馆藏资源更有体系、更有规划，涉及更多的学科领域、更多类型和层次的读者。

职业性。切实全面地推广阅读活动，打造良好的阅读学习氛围，激发在校学生的阅读兴趣，这些都是高校图书馆工作人员的职责所在和必须履行的义务。自从高校图书馆作为高校的一个部门存在以来，就已经将阅读推广活动作为其必须进行的工作之一，它的存在就意味着它必须促进阅读、推崇阅读。而阅读推广作为高校图书馆的基本服务内容，在推广的过程中，需要利用图书馆学的专业知识，使得阅读推广的研究从一开始就具备很高的起点，使其具有更高的科学性和专业性。

针对性。虽然有很多学者提倡高校图书馆服务社会化，但目前我国高校图书馆主要的服务对象还是在校师生，阅读推广活动面向的对象也是在校师生，推广对象特定，因此高校图书馆开展阅读推广活动具有一定的针对性。高校图书馆阅读推广活动的目的也是拓宽在校师生的阅读兴趣，并塑造各自的良好阅读习惯。高校图书馆的任务首先是提升高校学生的专业知识，为学生进入社会打好基础，其次是要让高校学生的人文素养得到提高，拓宽知识面。

四、高校图书馆阅读推广的意义

使图书馆的资源得到充分利用。每个高校图书馆在资源购买上都花了很多经费，然而资源利用率却很低。高校学生有些是没有时间去图书馆看书，有些是不知道怎么选书读。对于电子资源，利用率则更低。很多高校图书馆已经察觉到了这个问题，因此几乎每个高校图书馆阅读推广期间都会举办如何利用图书馆资源的讲座，让学生知道如何更有效地使用电子资源，使图书馆的资源得到充分利用。

使图书馆的教育职能得到充分发挥。高校图书馆阅读推广活动的开展，有助于充分发挥图书馆的教育功能。高等教育的一个突出点是学生不仅可以在课堂上学习到老师授予的知识，还可以通过图书馆所提供的资源获取很多知识。图书馆是大学教育的重要组成部分，对于高校学生来讲，图书馆是学生提高专业课成绩、拓宽知识面、充实自己的最好去处。阅读推广活动能充分体现高校图书馆的教育功能，因此，高校图书馆要真正将阅读推广工作落到实处。

有助于高校学生良好阅读习惯的培养。笔者对江苏省各类专科院校图书馆读书节活动的开展情况进行了调查与分析，认为目前高校学生在阅读方面主要存在阅读时间偏短和阅读量偏少这两个问题。高校图书馆开展阅读推广工作会营造一个良好的校园文化氛围，有助于培养学生的阅读兴趣。当然不同于一般社会读者，高校学生有其特定的需求，所以，高校图书馆的阅读推广工作需要有针对性地进行，让更多的高校学生养成用书、读书、坚持读书的良好习惯，更好地发挥高校图书馆对高校学生成长的重要作用。

有利于促进全民阅读推广工作的开展。当今社会是阅读社会，越来越多的国家将阅读推广工作作为政府重要工作之一，我国也不例外。党的十六大就已经明确提出促进全民阅读，并建设学习型社会。高校图书馆肩负着服务大众的社会历史责任，成为高等学校资源信息得到有效传递的纽带。高校图书馆开展阅读推广活动的次数越多，获得的经验也会越多，就会逐步实现高校图书馆阅读推广活动服务对象的社会化，目前也有很多高校图书馆在为本校的教学和科研服务的同时对社会开放，使得图书馆资源得到更充分的利用，为促进全民阅读推广工作的开展，为全面建设学习型社会贡献力量。

五、高校图书馆阅读推广的必要性和可行性

高校图书馆开展阅读推广活动的必要性分析。首先，积极地进行阅读推广是高校图书保持长盛不衰的必要条件。高校学生的思维活跃，接受新事物的能力强，可以跟随潮流熟练使用新的科技产品阅读大量的资料，而图书馆作为传统的文献保存机构，其纸质资源的借阅量越来越低，甚至有很多人认为无纸化时代会到来，电子阅读会完全取代纸质阅读，这种现象应该引起高校图书馆的注意。不可否认，由于现代社会信息的易获取性，学生获取的信息主要靠图书馆提供的现状已经改变。为了生存下来，高校图书馆需要积极开展阅读推广活动，让高校学生爱上图书馆，与此同时促进自身的发展。其次，阅读推广也是高校图书馆实现自身价值的有效途径。如今，利用搜索引擎搜索信息已经成为当代高校学生获取信息的主要途径，这使得高校学生可不去图书馆、不读图书馆馆藏书籍就可以获取到自己需要的信息，图书馆的地位受到了威胁。面对信息技术对图书馆的冲击，图书馆的借阅量逐渐减少，馆藏资源的使用率逐渐降低，图书馆的价值受到了人们的质疑。高校图书馆的电子资源虽然有很高的利用价值，

但很多高校学生却不知道怎样使用电子资源，甚至有很多高校学生都不知道这些电子资源的存在，电子资源使用率很低。高校图书馆开展阅读推广活动可以密切高校学生与图书馆之间的关系，增多与学生之间的接触，图书馆的价值也就在阅读推广活动的过程中实现了。第三，阅读推广是建设和谐社会与和谐校园的需要。高校图书馆阅读推广活动中的好书推荐这一活动项目可以为学生推荐内容健康的、积极向上的书籍，使高校学生树立正确的人生观，帮助学生塑造良好的人格，进而有利于构建和谐校园乃至和谐社会，向社会输送优秀的、身心健康的、素养高的人才。最后，高校进行阅读推广活动也是建设现代学习型社会的必要条件。高等院校图书馆作为教育事业中的重要部门，肩负着将学习型社会传递给新生代的重要任务。高校图书馆虽然做不到像公共图书馆一样的资源公共化，但也是社会公共资源体系的很重要一部分，所以应该努力为学习型社会的创建提供资源保障和信息支持。

高校图书馆开展阅读推广活动的可行性分析。首先，高校图书馆有非常丰富的资源，这是高校图书馆开展阅读推广服务的前提。高校图书馆是学校的文献信息中心，不仅收录国内学科前沿的文献资源，而且收录国外的较高水平的文献资源，另外还有非常多的电子资源，学生们通过检索数据库可以查阅到很多知识。正是因为高校图书馆有如此多且质量高的资源，在开展阅读推广活动时，它就比其他阅读推广机构有更多的优势。其次，高校图书馆具有明显的人才优势。作为为高校教学和科研提供学术服务的机构，其在职人员普遍具有较高的素质，优势明显。近些年来，图书馆学本科教育和研究生教育都得到了发展，为图书馆培养了很多图书馆学专业人才，他们掌握扎实的图书馆学知识并能运用到图书馆实践工作中去，在工作中将自己的才能展示出来，为师生提供优质的服务。最后，图书馆的优良环境是高校图书馆阅读推广的又一个优势。高校图书馆建筑设计上优雅舒适，内部环境上有着浓浓的学术气息，管理上也更科学规范，符合学生的需求，这些都对学生有很大的吸引力。

第二节 学分制理论基础

历史研究表明，中国高校学分制具有独特的思想基础和历史渊源，这形成了中国高校学分制的文化底蕴。近百年来，中国高校学分制屡经变迁、几度浮沉，大致可以分为"五四"时期的引进和应用、民国初期的推广和发展、抗战时期的逐步完善、民国后期的缓慢发展、新中国成立后的发展历程共五个时期。进入21世纪，中国提前步入高等教育大众化阶段，又引发了新的学分制研究热潮。在高等教育大众化背景下，中国高校实施学分制切实可行，也势在必行。目前中国高校学分制实践中还存在诸多障碍，克服这些障碍的措施必须是全方位的。

一、中国高校学分制的发展

1986年7月，国家教委召开部分高校试行学分制工作座谈会，逐步形成我国教育界对学分的共识，即学分是"测量课程教学量的计算单位，是课程内容深浅难易的量化表示，也是学生修读课程所需的社会必要劳动时间的反映"。

《国际高等教育百科全书》将学分制解释为："是衡量某一教学过程（通常指一门课程）对完成学位要求所做贡献（作用、地位）的一种管理方法"；《中国大百科全书》的定义为："高校以学分来计算学生学习量的一种教学管理制度，一般以每学期的授课时数、实验和实习时数以及课外指定自习时数为学分的计算依据，根据各门课程的不同要求给予不同的学分，并规定各专业课程的不同学分总数，作为学生毕业的总学分"；《教育管理辞典》将其概括为："以学分作为计算学生学习量的单位，以取得最低必要学分作为毕业标准的教学管理制度"；《教育大辞典》将其解释为："高等学校的一种教学管理制度，以学生取得的学分数作为衡量其学业完成情况的基本依据，并据以进行有关管理工作"；《高等教育辞典》的定义为："一种教学管理制度，主要运用于高等学校，以学分为计算学习量的单位。"综合上述几种解释，学分制的基本内涵是：学生修读任何课程成绩合格，即取得该课程规定的学分数；不同课程的每1学分价值相等，所取得的不同课程学分数可简单相加得出总学分数。

学生取得规定的总学分数（包括公共课、专业必修课、专业选修课和公共选修课应达到的最低学分数），完成毕业论文（设计）、毕业实习等规定的实践教学环节便准予毕业，修业年限可适当提前或延长。

学年制也称学年学时制，按照《中国大百科全书》的定义，它是"高等学校以读满规定的学习时数和学年、考试合格为毕业标准的一种教学管理制度"。实行学年制的高等院校，其学年和学时根据不同专业的培养目标各有不同的规定，它既规定一定的修业年限，又规定一定的教学时数，一般是学生统一入学、按照统一的教学计划和统一的教材、在统一的时间里学习统一的内容，考试不及格则统一补考，最后统一毕业。学年制下以行政班级为单位实施同步教学，既没有考虑学生的知识背景差异，也没有考虑到学生个体的智力因素和非智力因素方面的差异，更不可能考虑到学生的个性化发展，因而不利于实施因材施教。学年学分制是一种集学年制和学分制主要特征为一体的高等学校教学管理制度，也是传统学年制与完全学分制的一种折中形式，学年学分制尽管对每门课程都规定了相应的学分，但是它对修业年限有明确的规定，既不能提前毕业，也不能推迟毕业，仍然以自然班为教学单位，因而从本质上讲学年学分制仍属于学年制。现在实行学分制的各国高等学校基本上都采用过这种教学管理制度，学年学分制目前仍然是世界上大多数高等院校，尤其是日本、东欧和中国一些大学的主要教学管理制度。

所谓完全学分制，就是由学生自主选择专业、课程和授课教师，自己安排学习计划、自己决定毕业时间，累计学分，不受修业年限的限制，只要修满毕业要求的总学分即可毕业。具体来说：

首先，在专业、科目和课程的选择上，完全学分制实行更为自由的选课制，在学校规定的范围内，允许学生按照自己的意愿、意向和本人条件选择学习的专业和课程，新生在读完大一课程后，允许重新选择专业、课程，即学生可以选科、选课，这对于高中毕业时对专业所知甚少的学生来说，有了一次选择符合自己意愿、适合个性发展，并乐于学习专业的机会。

其次，完全学分制下学生从原先听从安排、没有选择的被动地位转到了自主安排、自主选择的主体地位；教师态度不端正、备课不充分、讲得不好，学生可以不选他的课。同时，学生何时学、何时毕业有了充分合理的自主权，学生能够安排自己的学业计划。由于勤工俭学或身体欠佳等其他原因可以推迟毕业；学习优秀者，可以提前毕业。

再次，在发展个性、独立自主学习方面，完全学分制教学过程相对宽松、灵活、自由、分散，不管学生采取什么样的学习方式，只要达到相关课程的要求即可，并开展以培养创新能力为核心的创新教育和创业教育；将创新教育与创业教育贯穿于整个教学过程之中，起到鼓励学生独立自主学习、发展个性的作用。在修读年限上，学校对学生没有统一的、明确的规定和要求，只要学生修满某专业毕业所需总学分数，即可以随时毕业。

弹性学制是在实行学分管理的基础上实行的一种教学管理制度，也就是"在不改变各级各类学校的性质、任务的基础上，对入学条件、修业年限允许有一定伸缩性的一种学制"。弹性学制的本质是学生学习时限具有相对的灵活性，即学生的学习年限有一定的弹性，学生若率先修满学分则可提前毕业，也可以滞后一定的时间毕业（滞后毕业的原因可能是学习能力较弱，或者是中途休学，甚至是提前就业后复学，等等）。弹性学制从教育经济学角度看，能有效地、因人而异地分配教育资源，从而提高教育效益，这无论是对社会还是对个人都是有利的。

学分制的实质和灵魂是选课制。选课制又称选科制或选修制，是指学生根据专业人才的知识、能力、素质要求，按照专业教学计划及学校的课程教学安排，自主选择学科、专业及课程的一种教学管理制度。它以开设相当数量的选修课为基础，以给予学生充分的学习自由为目的。选课制是实施学分制的前提和基础，也是实施学分制的核心内容，没有选课制就谈不上学分制，只有建立在选课制基础上的学分制，才能体现其优越性。首先，选课制允许学生根据自己的基础厚薄、个人能力和兴趣爱好来决定每学期的学习量和学习课程，充分体现了因材施教的原则，最大限度地激发学生的学习热情；其次，选课制要求教师接受选择，从而打破了长期以来"一人一课，循环复始"的僵化局面，形成一种优胜劣汰的竞争机制，促使教师不断更新教学内容，改进教学方法，充分挖掘教师的潜能；再次，选课制要求开出足够数量和较高质量的选修课，这有利于学科之间的交叉、渗透和融合，拓宽学生的知识面，提高人才培养质量。

导师制是实行学分制不可或缺的部分，是实行学分制的重要保证。导师制起源于14世纪的牛津大学，现以牛津大学、剑桥大学的导师制最为著名，每一位新生报到后，学院就给他指定一位导师，一位导师指导6—12名学生，每位导师每周辅导学生一次，每次每个学生一小时，负责指导学生选专业，协助安排学生的学习计划等。美国学者亚伯拉罕·弗莱克斯纳（Abraham Flexner）在其代表作《英美德大学研究》中指出："牛津大学、剑桥大学在本科生和导师之间建立的那种个人关系，是世界上最有效的教育关系。"导师制塑造了一种新型的师生关系和全新的教与学的关系，有利于学生自我管理能力的提高，有利于培养学生的创新能力和促进学生的全面发展。

在上述几大教学管理制度中，学分制的最大特点，就是用学分来衡量学生的学习量，并据此进行教学管理。因此，一元论在理论上应该说是成立的。一元论中有两种观点，一种强调学分制主要是衡量学习过程的一种方法，另一种则强调学分制主要是一种教学管理制度。实际上，前一种观点把学分制的本质特征作为立论基础，偏于理论性；而后一种观点强调操作性，强调学分制的功能是通过相应的教学管理来实现的。二元论将一元论的两种观点综合在一起，但与一元论还是有区别的，即认为学分制既有衡量学生学习量的功能，又有教学管理的功能。从实践的情况来看，尤其是一旦从学年制转轨至学分制，不仅要用学分来衡量教学过程中学生的学习量，其内容还应包括教、管、学等各个方面，需要制定一系列的教学管理规定与制度，两种功能缺一不可。因此，二元论认为片面地强调某一方面，都是对学分制的认识把握不全面的表现。整体多元论的观点相对较新，是对我国学分制在20世纪90年代以来新发展的一种科学概括，它以

"整合"一词概括学分制的内涵,就是指学分制是由相互平行的、独立的、具有不同功能与作用的部分,相互作用并合在一起而形成一个整体。当前我国高校推行的学分制,已将传统意义上的学分制与选课制、导师制、学籍管理制度、学分互通互换制以及与之相对应的学生管理模式等有机地融合在一起,一同作为学分制的组成部分。其内容不仅包括学分制教学计划管理、教学过程管理、学籍管理、教学运行管理,还涉及学生管理模式的改变、导师制的建立、学生社团管理,甚至还包括调整学科结构、拓宽专业口径等内容,逐步让学生具有自主选择专业、课程、授课教师、学习方式、学习进程等的选择空间和权力。因此,有学者认为,中国高校实行学分制教学管理,不仅仅是一种教学管理模式的改革,也是高校培养人才方式的改革,涉及高校工作的方方面面。中国高校的学分制改革还处在不断实践、不断发展、不断完善的阶段,对学分制的认识也尚未完全统一。上述三种观点在理论上孰是孰非,目前尚难定论。但就其发展趋势而言,整体多元论的观点,由于立足当前实际,比较符合我国国情。但其理论上还没有完全成熟,还有待进一步的发展与完善。

二、中国高校学分制的现状

1985年5月颁布的《中共中央关于教育体制改革的决定》明确指出要减少必修课,增加选修课,实行学分制和双学位制。据不完全统计,到1986年为止,实行学分制的高校有200余所,大多数重点院校实行了学分制。20世纪90年代前期,为了主动适应社会主义市场经济体制改革和科学技术迅速发展对高校人才培养的新要求,高校中出现了实行学分制的第三次高潮。例如:上海交通大学、清华大学、北京大学等开始推行学分制。截至1996年底,全国近1/3的高校已实行了学分制。进入21世纪,经历高校连年扩招,2002年高等教育毛入学率达到15%,2003年达到17%,2004年19%,2005年21%,使中国提前步入高等教育大众化时期。随着高等教育大众化进程的迅速推进,中国高校学分制研究步入了第四次高潮。目前,以学分制为主题的教学管理体制深化改革正如火如荼。例如,辽宁师范大学从2000级本科生开始实行学分制。2001年9月17日出台的复旦大学"十五规划"规定全面推行学分制，全校开设的本科生和研究生课程达到2500门。从2004级开始，湖南农业大学也全面铺开弹性学分制改革的研究与实践，并配套制定了44个本科专业的基于弹性学分制的人才培养方案。因此，可以说目前实施学分制成了高校改革的又一热点和契机，推广学分制已是大势所趋。

21世纪将是不同学科交叉融合，新兴学科、边缘学科应运而生的世纪，我国的高等教育必须着眼于新世纪人才的培养，这种人才应该是复合型创新人才，应该是具有坚实而宽广的理论基础和技术开发能力的通才。而传统的学年制在学生培养上采用统一的模式和刚性教学计划，忽视学生的个性与创新能力培养，"因材施教"的教育原则难以贯彻，优秀人才难以脱颖而出，不利于学生获得最佳的发展。而以自主选择、注重效率为重要特征的学分制，承认学生的个别差异，便于因材施教，学生可以根据自己的兴趣爱好选择适合自己的专业和课程，有利于将个人天分与课程学习挂钩，促进学生个性发展，学生也可以根据自身的实际能力，拓宽知识面、多学知识、多修学分。

另外，学分制具有弹性的教学计划，基础课与专业课程保证了学生坚实而宽广的专业理论基础，而选课制、主辅修制可以使学生兼学自然科学、人文社会科学等知识，扩大了学生的知识面，有利于培养学生的探索精神与创新思维，也有利于开发学生的禀赋和潜能。目前有的学者、学校的管理决策人员还在争论学年制、学分制的优劣，也有的人还在强调实施学分制的困难，但无论如何，学分制是实现高校学生"自主学习"的最优制度之一。自主学习是当今教育研究领域的一个重要课题。教育心理学家皮连生认为："自主学习是主动、自觉、独立的学习，它与被动的、机械的、接受的学习是相对的。"由此，我们可以理解为自主学习是一种主动的建构性的学习过程，在此过程中，学习者能事先安排学习活动并能监察评价以及调整控制整个过程。自主学习有别于他主学习，是主动、自觉的学习，具有主体能动性；同时，它建立在学习者独立性的一面上，具有独立性；另外，自主学习是自己采取各种调控措施使学习达到最优化的过程，一般来说，自主水平越高，学习的过程就越优化，学习的效果也就越好。

1998年，联合国教科文组织在《21世纪的高等教育：展望和行动世界宣言》中提出，高等教育的使命是："为接受高等教育和终身学习提供各种机会，使学生有多种选择及入学和退学时间的灵活性，以及个人发展和社会流动的机会。"还提出高等学校及其师生"应当享有作为自己的权利与义务的充分的学术自由和自主权，同时对社会充分尽职尽责"，这就提出了要给予和保障学生的学习自由。从总体上来讲，当代高校学生自我意识水平有了较快的发展，主要表现为自我认识、自我体验和自我控制都有了良好的发展，且这三者的发展比较协调一致。这些心理特点为高校学生进行自主学习提供了可能。

社会的进步、经济的繁荣、教育的发展，三者之间呈一种互为正强化的连锁关系。社会进步将提出更高的教育需求，同时也为教育发展提供更好的平台和环境，而教育发展则是促进社会进步的重要源动力；经济繁荣为教育发展提供更强大的经济支撑，而教育发展又为经济繁荣提供更多的人才资源支撑。这种正强化作用体现在学分制方面，主要是因为与学年制比较，学分制是一种先进的教学管理制度，通过更好地贯彻因材施教原则，具有培养更多高素质人才的潜在可能，也是促进人的全面发展和能力体系个性化发展的重要基础。从目前中国社会和经济发展的现状来看，学分制改革所需要的社会环境和经济环境都已基本具备，正有待于通过实施学分制改革来促进高等教育的迅速发展，为社会和经济的进一步发展提供智力支撑。随着科学技术的发展，尤其是现代通信技术和网络技术的发展，使当代人的观念已发生了根本性的改变。

人们在人才观、知识观、能力观等方面的认识已有别于传统，人才资源、人力资源已被认识到是一种最重要的资源，素质教育、能力本位教育、创业教育、创新教育等已引起社会的广泛关注。人们对能力体系和知识结构的认识，已不再是一种固定模式，对个体的能力素质多极化、能力培养多元化、能力形成多样化等的认识已日益深刻，从而使学分制条件下的个性化能力培养体系能够得到社会的广泛认同，为学分制改革搭建良好的平台。中国经济体制的改革，社会主义市场经济体制的建立，为学分制改革创造了良好的社会环境。从学分制的产生和发展过程不难看出，学分制从它的诞生之时起就根植于市场经济的土壤之中，它是随着市场经济的不断发展而逐步走向成熟与完善的。

市场经济的发展必然会增加学生的就业机会，也会提出更加多样化的人才需求，这就给学分制改革的多样化人才培养提供了广阔的空间，也能给提前毕业、中途休学或推迟毕业的学生提供有利的社会条件和就业环境。

因此，在学分制条件下，必须充分重视课程资源建设。学分制的实施要求教师不仅要具有宽厚的专业知识、较高的学术水平，还应具有广博的文化素养，才能开出多门课程；同时还要熟悉大学课程体系，才能指导学生选课；更要懂得教育规律，具有心理学知识，具有高尚的道德水准，才能真正在学习上和生活上都当好学生的导师。因此，师资队伍建设始终是高校办学的重中之重，学分制条件下更应充分重视师资队伍建设。与学年制相比，学分制的管理更加复杂，学生也有了更大的自由，但这种自由是为了更好地发挥学生的主动性，在管理上不可放任自流，因而，建立健全教学管理制度体系，是学分制顺利推行的保障。

与学分制管理相配套的管理制度主要有选课制、导师制、学籍管理制度、成绩考核制度、学生管理制度、院系之间和校际学分开放变通制度等。学分制改革是一项系统工程，需要软件和硬件两方面强有力的支持。比如在硬件方面，学分制下教室、实验室、仪器设备、图书资料、计算机、局域网等都比学年制下的需求量大，因此学校需要增加投资；教师和管理人员的工作量也大大增加，酬金也就相应要增加。再如软件方面，学分制下学校要加强师资队伍建设和管理队伍建设，高薪引进人才是一个重要途径。因此，学校必须配备充足的财力和物力以保证学分制的顺利推行。

三、实施学分制优缺点分析

学分制主要具有以下优势：

第一，有利于因材施教，发展学生的个性。学分制通过让学生自由选课，学有余力的学生可以充分发挥自己的聪明才智，多选修一些课程；有专特长的学生可以选修自己喜欢的课程；学习基础不好的学生可以从实际出发安排适合自己的学习进度，如减少选修课程，另选其他课程，延长学习时间，总之，可以使每个学生各得其所，各有所为。学分制为贯彻因材施教原则提供了切实可行的条件。

第二，有利于优化学生的知识结构。学分制以开设大量选修课为前提，学生可以根据社会需要、就业需要、个人需要来选课，实行文理渗透、理、工、管结合，构造自己的知识体系，组成最优化的知识结构。

第三，有利于快出人才、早出人才、出好人才。学分制规定，学生修满一个专业的学分，可以提前毕业，也可以提前进入第二学位的学习，这就为高校早出人才、快出人才开辟了道路。而且，选课制使高校培养出的人才具有多规格、多层次，改变了学年制培养学生是统一规格、统一模式、统一知识结构的弊端，更好地满足社会各方面对人才的需求。

第四，在学分制教学管理中，它一方面给予学生学习的充分自由，另一方面对目标和培养规格以及过程管理作出了严格的规定，做到"活而不乱、严而不死"，使教学管理目标和过程科学化、规范化。

第五，有利于新兴边缘学科的发展。现代科学技术日新月异，其特点是走向高度的综合。学科之间相互融合、相互渗透、纵横交错，新兴学科和边缘学科不断创立。学分制的实行，打破了专业上的条块分割传统，鼓励学生在学有余力的情况下跨系跨专业全面学习新知识，了解科技发展新动向和新趋势，为建设和发展新兴、边缘学科培养出大批开拓型人才。

当然，学分制和其他任何事物一样，也有其自身的不足和缺点，如：

第一，学分制的作用发挥不好时，会导致学生盲目选课，一些学生自不量力，贪多求全，影响学习；一些学生为了获取学分，倾向于那些较轻松的易获得学分的课程。

第二，学分制大大增加了教学管理人员的工作量，大量开设选修课和学生交叉选课，会给排课、安排教室以及组织选课、教材供应等带来不少困难，增加了教学管理的难度。

第三，实行学分制后，行政班级淡化，学生自由度大，会给学生管理工作和思想政治工作带来困难，导致道德教育的削弱。

第四，忽视人文教育，出现过分职业化的倾向。高校为了在竞争中生存，不得不屈从于市场压力，导致高等教育过分市场化、商品化、职业化。

第三节　高校阅读学分制的起源

学分制产生于19世纪下半叶的哈佛大学，随后推广到世界范围内。我国的引入始于"五四"时期，因其有利于形成"以学为本的培养机制""学生学习的动力机制""专业建设的优化机制""教师教学的竞争机制"，从而改善教学质量，推行素质教育，学分制管理已在我国高校普遍实施，且已有不少高校根据学分制的原则进行了阅读课程的实践探索。

在国外，韩国江原大学于2001年推出了与阅读学分制相似的措施，即本科入校新生读书认证制度。作为毕业认证制度之一，该制度要求选择读书认证的学生需阅读一定数量的书籍或参加读书活动，达到规定的积分点数，并在读书认证计算机评价系统（CRBT）内通过考核后方准予毕业。除江原大学外，网络中未能检索到国外其他类似案例，一方面是英汉对译偏差的原因，另一方面因为"国外的阅读素养培养大多在高中阶段基本完成"，国民具有高度的阅读自觉性、浓厚的阅读兴趣和较强的阅读能力，他们自小养成的阅读习惯伴其一生，自然无须过多的干预和指导。以美国为例，它自殖民地时期即已开始注重阅读教育，20世纪80年代以来又从政策立法、统一的内容标准、评估标准和建立高质量教师保障四项措施入手开展了阅读教育的全面改革，陆续提出了多个阅读计划与法案，成立了国际阅读协会及全美阅读小组等专业机构，推动阅读教育进一步向系统化、全民化、优质化、法律化迈进。相比之下，国内阅读学分制的实践与报道更为丰富。

根据对我国高校教务网站的调查，"211工程"高校中有13所实施了阅读学分制。如湖北大学设定奖励学分，要求公开发表作品（包括文学作品、读书心得等），计2—6分，由所在学院评定。西安电子科技大学设定本科生课外学分，要求选择应读书目，写出该书要点或读书札记，由所在班级评定。郑州大学设定创新学分，要求提交必读书目读书笔记1篇（不少于3000字），计1分，由创新学分专家评审委员会评定。

尽管各校的学分类型以及评定机构多有区别，但实际考核内容却大同小异，主要包括阅读书籍并撰写读书报告和参与指定次数的讲座、读书沙龙两类；其他"211工程"高校虽未明确制定阅读学分政策，但部分设置了人文素质教育学分，如厦门大学规定拿到15场讲座的纪念章且提交1份学习心得者，中南大学规定参加讲座并撰写有关论文、总结者，均可获得相应学分。在非"211工程"院校，阅读学分制也有不少实践案例，如浙江财经学院于1997年开始推行读"百本书"活动，并于2001年将此活动正式纳入学分制管理，学生在毕业前读完百本书即可获得3个学分，否则不能毕业。此外，黑龙江大学、南京工业大学、扬州大学、山东理工大学、重庆师范大学、温州大学、华中科技大学（中南分校、武昌分校）、襄樊学院、新疆农业大学、广东工业大学等都有相关政策措施。西南大学设置阅读名著通识教育学分，阅读名著，撰写读书笔记，参加结业考核，计2分，由高校学生文化素质教育办公室联合教务处、团委、图书馆等评定。

总体而言，阅读学分制的实践仍处于起步阶段。理论上讲，它具有学分制的基本优点，减少了课时，缓解了优秀师资的紧张状况，摆脱了灌输式的课堂教学，提高了学习效率；从高校实际反馈看，它有效地影响和干预了学生的阅读行为，在培养学生阅读意识、提升阅读能力、丰富文化生活、提升文化素养等方面都有促进作用，基本上能达到它的设计初衷，也由此赢得了教育界、图书馆界的关注。

第二章　应用型高校阅读学分制的构建路径

第一节　阅读学分制的意义

一、有利于激发学生的阅读兴趣

兴趣是最好的老师，也是一个人达成目标的根本动力。在高校图书馆提升大学生阅读兴趣的过程中，应首先关注大学生的兴趣培养，并做好大学生的兴趣分析，使工作的展开能够符合大学生的实际情况与实际需求。同时，从对兴趣的认知来看，人们在从事自身感兴趣的事物时，能够获得更愉悦的心情，即便在这一过程中出现了困难，也能够更主动地进行解决。大学校园内聚集了来自五湖四海的人，不同的人由于自身生活环境、成长经历的不同，往往会形成意识的差异、认知的差异以及兴趣差异。因此，在大学生阅读兴趣培养的过程中，还需要制定针对性策略，切实提高大学生阅读兴趣。阅读是人类进步的阶梯，也是人类获取知识和经验的桥梁。大学生即将步入社会，因此更需要不断充实自己，不断丰富自身知识储备，不断完善自身技能。大学生通过阅读能够进一步拓宽自己的视野，促进综合素养的全面提升。

学分制改革倡导学生学习要有自主性和个性化，学生可以制订自己的学习计划。同时，学分制改革带来教学方式和学习方式的变革，学生往往需要通过独立思考和自主学习才能完成学习任务，这些都会促使学生走进图书馆，丰富自身知识。

二、有利于提高图书馆资源利用率

优化提高高校图书馆资源利用率，不仅可以提升高校图书馆图书被读者借阅的数量，也可以提升图书馆的服务质量。高校图书馆可以为学生提供合理的图书索引，让学生可以在图书馆内自由、自主地选择自己喜欢的图书进行阅读，提升图书馆资源利用率。提升图书馆资源利用率，从主观方面分析，避免了图书馆资源浪费，使图书馆的资源能够发挥为高校师生提供查阅服务的价值；从客观方面分析，则可以最大限度地提升高校图书馆资源利用率，促进高校图书馆的有序发展。

实行阅读学分制，有利于鼓励学生在课余时间多利用图书馆资源，培养学生的阅读兴趣，更有利于电子文献资源的开发，丰富高校图书馆的馆藏资源。阅读学分制跟普通学分制具有共同点，即都是为了鼓励学生多走进图书馆，多阅读书籍，使学生养成良好的阅读习惯，也使图书馆真正发挥其效用。

三、有利于促进图书馆的文献信息资源建设

阅读推广活动的开展需要结构合理、数量充足的文献信息资源作为支撑和基础，客观上要求图书馆认真了解和分析学生的学习需求，完善文献信息资源结构，努力提高文献信息资源获取和利用的便捷性，关注新技术发展为图书馆文献信息资源服务和获取带来的变化，积极应用新技术，促进文献信息资源的深度开发，为读者提供更为优质和专业的文献信息资源服务，从而为阅读推广活动的开展打下坚实的基础。

四、有利于增强大学生的综合素质

大学阶段是大学生世界观、价值观形成的关键时期，也是素质教育的重要阶段。阅读是大学生自主学习提升自身素质的方式之一，图书馆是知识的海洋，大学生的求知欲在图书馆中可以得到充分的满足。笔者试图通

过对当代大学生借阅图书的种类及频率的分析，进而了解学生对知识渴求的程度，对自身素质培养的要求等。

阅读学分的设置可以使学生主动阅读相应书籍，并在阅读过程中吸收对自身成长有益的知识。在这一过程中，阅读学分制的作用就是使平时喜欢读书的学生读更多更好的书，使缺乏阅读习惯的学生逐步建立起良好的阅读习惯。因此，高校应建立健全阅读学分考评机制和优秀文献推荐机制，为图书馆的资源利用及大学生素质培养开拓出一条新的道路。

大学图书馆工作者要加强服务意识，为素质教育担负起"知识输出"的重任。尽管多数大学生具有较高的自主性学习能力，但是部分学生还缺乏理性剖析自身素质的洞察能力，更多的是依靠情感或兴趣去认识事物，其阅读倾向也是如此。这就要求对大学图书馆的管理方式和服务意识做出相应调整，图书馆员不能定位于"管书""守摊"的层次上，而应该成为知识的加工者和传播者，全心全意地为学生服务，为学生提供高质量的图书评介和优秀图书推荐，在培养健康的阅读习惯上发挥出积极的引导作用。图书馆员利用自身的优势去引导、推荐优秀图书，这不是否认学生的图书鉴别能力，而是一个优秀的图书管理员应尽的义务。当然，图书馆为学生提供知识型服务的方式很多，譬如，图书馆举办读书比赛活动；馆员开展优秀图书导读或评介活动等。总之，大学图书馆工作者要加强服务意识，为当代大学生素质教育担当起"知识输出"重任。

第二节　阅读学分制的设计

一、阅读学分制的纵向设计

当代大学生阅读倾向具有年级差异。我们发现，从年级看，文学类图书是低年级大学生感兴趣的读物，借阅量远远超过其他种类。这与文学自身的特点与优势有关。文学作品是人类文化的历史结晶，具有深刻的思想蕴含，其鲜明的人物形象、生动的艺术语言、丰富的知识含量，具有娱乐和消遣的性质，能拓宽眼界，增长文化知识，又能得到了美的享受，满足于大学生认识社会、认识人生、认识生活的需要，反映了他们的生活理想和对生活的美好意愿和情感。

随着年级的升高，文学类与其他类图书借阅量的差距在缩小。一年级的大学生，刚踏入大学校门，各方面都在适应阶段，其阅读心理具有不确定性，阅读需求层次较低，所以阅读比较盲目和随意，阅读大量的文学类图书可以缓减紧张高考带来的压力，阅读倾向于休闲娱乐型。到了二、三年级，大学生开始适应大学生活，慢慢进入专业学习，学习任务也慢慢加重，因此阅读重心转移到专业基础学习，文学类图书借阅量有所下降，语言类、计算机类、经济类图书借阅量增加。其主要原因是他们要应对英语四六级、计算机等各种等级考试。阅读倾向于实用性、应付型。四年级的大学生（毕业生），借阅最高图书种类为工业技术类，借阅量远超过文学类。而且四年级大学生相比于其他年级学生文学类图书借阅量是最少的，原因可能是进入毕业阶段，职业意识增强。另外，研究发现，低年级读者偏爱有关民族文化的著作，高年级读者更关注政治、社会类研究作品等深刻题材。最后，大学一年级读者不关注马克思主义哲学读物，大学三年级读者少读文体、艺术、兴趣类读物。而对于初入大学和即将步入社会的大学一、四年级读者，因身边事物和语境发生了巨大变化，他们更倾向于阅读语言、沟通、管理类读物。

发展心理学认为，成年初期的大学生是由学生向多种社会角色转换的重要阶段。在校学习期间，由于面临的学习任务、环境感知、人际关系等方面的变化，大学生阅读心理需求存在很大的年级差异，因此，大学生心理自然成长是各年级阅读偏好产生差异化的原因之一。具体而言，低年级大学生阅读心理需求主要集中在如何适应大学生活，如何建立新的人际关系，如何认识自己，树立什么样的奋斗目标，怎么提高自身综合素质等问题，其表现在阅读行为上就是低年级大学生倾向于人生激励、疗愈心灵、自我认知、语言沟通、艺术兴趣等主题的作品。中年级大学生逐渐适应大学的学习与生活环境，信息和文化素养不断提升，阅读心理需求拓展到个人情感问题、维系社交圈、认知社会等问题，其表现在阅读行为上就是中年级大学生倾向于情感爱情、人际关系、社会历史等主题的作品。高年级大学生生理与心理趋于成熟，做好了适应社会的心理准备，这一阶段阅读心理需求目的性较强，题材的选择也较为深刻，其表现在阅读行为上就是高年级大学生倾向于应用技能、语言艺术、政治政策、文化人性等主题的作品。

图书馆在进行阅读阅读学分设计时，应充分考虑各年级大学生呈现出的阅读偏好，在准确定位活动群体的基础上，挑选优秀作品，投其所好，以彰显阅读推广的引领作用。结合大学一年级读者偏爱的文旅游记、自我认知及应用语言学作品，可以有针对性地开展"敞开心、张开嘴、迈开腿"读书会，让读者分别讲述书中与自己的旅行故事，培养读者交流沟通、语言组织的能力，同时让读者在倾听的过程中感受广阔世界；结合大学二、三年级大学生关注的情感小说和侧重人与人关系的心理学作品，可以邀请专家举办情感专题讲座，树立大学生对爱情、异性关系及人际关系的健康认识，并结合图书馆拟出的书单在讲座之后推荐；结合大学四年级大学生阅读目的性强的特点，同时考虑其面向社会就业的背景，图书馆可以联合学校招生就业办公室，共同举办一系列有关就业问题的活动，如模拟面试、职场情景剧等，就读者关心的职业规划、时间管理、应用技能等就业问题展开演绎与讨论，并在活动区域设置相关图书展架。

高校图书馆工作人员应考虑大学生各年级的阅读心理需求及自然心理发展水平，同时结合各年级的阅读能力、阅读兴趣将大学生按自然年级分类，并给出各年级大学生明确的阅读目标和预期效果。大体逻辑是让不读书的人想读书，让想读书的人掌握阅读方法而会读书，让会读书的人有渠道和媒介读到好书，让读好书的人建立阅读体系而深阅读，形成一个持续性的闭环策略。具体来讲，对于低年级大学生，图书馆应加强阅读推广活动的参与性、大众性与趣味性，以形式新、奇、特的活动方式结合多媒介宣传，吸引低年级大学生广泛参与，同时也为建立阅读推广体系化、品牌化打下用户基础；对于逐渐产生阅读兴趣的中年级大学生，图书馆应考虑与学校宣传、学生管理部门、院系及校外公共文化部门联合，形成多元合作阅读推广主体，发挥各主体自身优势，形成合力，建立长期稳定、富有针对性、资源活动服务配套的阅读推广活动项目，持续为中年级大学生营造阅读氛围的同时，形成以资源为依托的信息素养培育模式；对于掌握方法且熟悉资源的高年级大学生，应将阅读推广由表层泛化地提升文化素养、心理健康，逐步纵深到引导高年级大学生的专题阅读、专业阅读，与学科建设、学科服务相呼应。

二、阅读学分制的横向设计

飞速发展的信息技术丰富和拓展了人们获取信息、处理信息的渠道、方式与广度。但对于担任育人、教学、科研任务的教师和需要全面发展的学生而言，铺天盖地的海量信息，也会让人因此感到盲从、焦虑和身心疲惫。因为专业信息已是浩如烟海，而师生在搜集整理时还会受到芜杂信息的干扰与诱惑，要想获得自己所需要的专业信息，不仅需要一定的经济成本，还要付出巨大的精力成本。所以，在人们享受信息技术飞速发展所带来的便利的背后却隐藏着一种尴尬：快餐阅读逐渐代替传统阅读成为主流，在实践中即使是专业学习，也免不了浅尝辄止，或者执其一端而不及其余。那么，教师与大学生到底应怎样走向专业阅读之路呢？如何才能借助适当的专业阅读踏实推进师生自身的专业发展？这些应当成为高校图书馆工作人员和师生群体，乃至整个社会都需要共同思考的问题。

范并思教授认为"阅读推广"和"阅读指导"同属于阅读推广理论下的两个基础概念。刘时容副研究馆员认为，阅读推广是广义的阅读指导，阅读指导是狭义的阅读推广。借鉴以上理解，本书中某一个专业的或者某一次具体的阅读推广工作，可以称为"分专业阅读指导"。从图书馆阅读推广工作的总视角看，把不同专业、不同时间的阅读指导活动统称为"分专业阅读推广"。

分专业阅读推广工作，是高校图书馆立足本馆专业图书、数字资源、工作人员等为专业教师提供的有效支持和帮助，为鼓励专业教师到图书馆查询资料，满足学生专业阅读和学习需求而开展的"分专业阅读指导"工作。这项工作以"引导专业阅读、指导专业阅读、服务教师教学、助力学校人才培养"为宗旨,让高校教师在完成教学任务之余,将个人的专业阅读与学习研究方法等通过图书馆的阅读推广服务,再运用于培育具有专业学习需求的学生活动中,让学生在个人的专业学习上具有更加明确的方向,更加具体的方法、技巧和路径,从而促进高校师生加速专业发展,辅助学校人才培养。

从文献调研来看,目前图书馆行业内初见"分专业阅读推广"的实践,星星之火,尚需发展。按照阮冈纳赞的图书馆五定律所述,图书和读者之间保持良好的接触,才是最佳状态。应该说,随着互联网信息技术的迅速发展,在融媒体环境下,现阶段人们面对海量的信息还没有适应。淹没在信息的海洋里,身心疲惫和焦虑是难以避免的。分专业阅读推广,直接把文献和读者联系起来,节约读者和图书之间寻找和磨合的时间。文献和读者之间的关系又在图书馆工作人员和专业教师的引领下,不断互动、不断螺旋发展,产生良好的作用。实践证明,分专业阅读推广,在图书馆工作人员的实践和反思下,形成了一定的程序和规则,保证了阅读活动的质量和效果,着实成为高校阅读推广方法的创新之举。分专业阅读推广充分践行了图书馆五定律的要义,在理论上丰富了高校阅读推广内涵。

图书馆是分专业阅读推广工作的基础,馆员是图书馆专业阅读推广的工作人员。馆员做好工作思考、文献调研、环境考察是分专业阅读推广工作的出发点。高校图书馆要通过教师读书会等活动不断加强馆员与专业教师的讨论和交流,把图书馆的工作与教师的教学、学生的学习活动联系起来进行综合思考。图书馆怎样在教师、学生、资源之间架起一座桥梁,怎样参与高校育人工作或者说拓宽专业教师的育人途径,是分专业阅读推广工作的起点和归宿。因此,图书馆是馆员服务和进行分专业阅读推广工作的场地和舞台。

图书馆分专业阅读推广工作中,馆员是运行机制和工作模式的设计者和管理者,是图书馆搞好专业阅读推广的重要因素。因此,要制定明确的分专业阅读推广活动总目标、总任务、年度计划和阶段性计划,形成全面规划、有效分解、协同各学院实施的符合本馆现实需求、可持久开展的方案。馆员进行阅读推广工作的顶层设计并负责日常工作的管理,对资源、人才、服务进行管理和调整，执行图书馆的工作和任务。图书馆阅读推广的核心是供给。资源供给由图书馆提供，人才和服务的分配和使用则主要由馆员发挥管理作用。

分专业阅读推广工作中，专业教师是分专业阅读推广工作的指导者。强调专业教师是阅读推广的指导者，这是因为馆员不宜直接从事阅读推广工作：一是难以证明图书馆员比读者拥有更丰富的阅读知识；二是因为阅读推广是一种教育活动，而图书馆员往往缺少进行教育活动的资质；三是目前阅读推广工作遇到的瓶颈是，即使学生相信可以从阅读活动中获得自己需要的信息或知识，但他们仍然不具有足够的动力来参加图书馆的活动。究其原因，是学生不确定图书馆的阅读推广活动能带给他们多大的收获。但是，如果阅读活动由其专业教师来指导，学生对阅读活动的价值认识和参与度就会更高。

学生是分专业阅读推广的主要受益者和活动对象。"读什么，怎么读"是目前大学生在阅读方面存在的主要困惑，部分大学生的阅读活动呈现出一种"放羊式"状态。缺乏有效指导和引导也是造成部分大学生"浅阅读"与"伪阅读"风气盛行的主要原因。特别是在专业阅读和学习上，对于初入门的学生而言更需要教师的指导和引导。

机制是各要素之间的结构关系和运行方式。机制在社会学中的内涵可以表述为"在正视事物各个部分存在的前提下，协调各个部分之间关系以更好地发挥作用的具体运行方式"。分专业阅读推广运行机制就是图书馆、馆员、专业教师、学生各要素之间的结构关系和运行方式。分专业阅读推广运行机制，在正视分专业阅读推广工作目标和各要素现实情况的前提下，协调图书馆、馆员、专业教师、学生之间的需求与供给，保证分专业阅读推广工作有序、持续、稳定、协调、高效地实施，并顺利完成阅读推广的目标任务。

分专业阅读推广运行机制中，图书馆起基础供给作用：一是供给资源，包括馆藏、空间、舞台等；二是供给人才，组织有资质的专家、学者或者阅读推广人到图书馆开展阅读推广活动；三是供给服务，为阅读推广人提供空间舞台的环境布置、广告宣传、流程设计等服务。馆员是图书馆资源的一部分，在分专业阅读运行机制中执行图书馆的工作任务，代表图书馆协调和整合资源、人才、服务、资金等，保证活动稳定、持续、顺畅地进行。教师是分专业阅读工作的阅读指导者。馆员在构思和设计分专业阅读推广活动之后，根据活动需求和现实基础，选择分专业阅读推广需要的优秀教师。学生是整个活动主要的服务对象，学生专业阅读能力的提高和专业技能的提升是活动的主要目标。在分专业阅读推广运行机制中，图书馆、馆员、教师、学生之间的关系是相互依存、相互需要、协同发展的辩证统一关系。

在阅读学分制的横向设计中，要充分考虑理工类学生的阅读特点。调查显示：在文学类、娱乐消遣类、实用类、科普类、应用类、专业类各类图书中有32.2%的理工类学生喜欢文学类，35.5%的理工类学生喜欢娱乐类，此二项占据前两位，其他各类均有所涉及。这说明理工科大学生的阅读兴趣以文学类、娱乐类为主。他们的阅读兴趣具有多层次性和广泛性。这与以往的研究结论大体一致，是当前大学生阅读兴趣的普遍现象。究其原因有两点：从心理学的角度出发，大学生正处于青春期后期，是个体进入社会的过渡时期，生理与心理基本成熟，他们开始走向独立，自我意识增强，开始自我设计，自我塑造。为缩短现实自我与理想自我的距离，他们会从各个方面不断调节自己、完善自己、重塑自己，力争达到理想自我的最高境界。从社会需求的角度出发，现代社会科技、经济发展迅猛，对未来的人才质量要求越来越高。从思想观念到知识能力、心理素质、健康水平、道德品质和个性修养等方面都提出了新的要求。学生希望通过各方面的知识来充实和完善自己。因而很多大学生已不满足于现有的书本知识，而是千方百计地寻求自己需要的课外书籍，并不完全受所学专业的限制，有渴求全面广泛的知识、把自己培养成"全才"的主观动机，文理科互相交叉互相渗透的现象很普遍。特别是低年级大学生，他们有立志成才的强烈愿望，面对众多的读物，有些饥不择食，表现出极大的兴趣，因而他们的阅读兴趣具有多层次性和广泛性的特点。笔者对理工科大学生这一阅读兴趣的特点分别做了性别、专业、城乡和年级的差异性检验，结果发现没有显著差异，说明理工科大学生并没有因为专业性质的原因而缩小自己的阅读范围。这种现象应该加以鼓励，有助于大学生了解更广泛的知识，开阔思维，提高个方面的素质。但也要注意引导，以防有些学生所读之书没有经过严格挑选，不懂得通过选读来培养和形成自己的兴趣爱好，不懂得通过有目的的阅读来建立自己的"核心优势"，更不懂得带着问题精选图书，从而导致阅读范围过广而泛泛读书、不求甚解，不能提高阅读的成效。特别是大一新生，面对浩如烟海的图书文献会有一种无所适从的感觉，如能及时引导，就会使他们很快进入角色，避免盲从。当知识发展的无限性与个人固有条件的有限性矛盾越来越突出时，好书推荐、阅读引导也就显得尤为重要。所以高校应该有目的地聘请和组织专家进行书目推荐，以提高阅读效率。

  调查显示：理工科大学生课外阅读动机是多样化的，主要分为求知学习、解惑释疑、娱乐欣赏、专业考试和跟随时尚。其中，求知学习成为理工科大学生阅读的主要动机，占42.6%。同时对性别、年级、专业、城乡方面做差异性检验，结果无显著差异，这与以往的研究基本一致。这种动机的产生与大学生正处于青春期有关，他们的智能发育已处于顶峰期，其心理迅速发展和成熟，抽象思维能力和推理能力获得了很大发展，记忆力增强，想象力丰富，思维由直观具体到抽象概括。这使他们思想活跃，求知欲强。他们为了提高自己的文化知识修养，拓宽知识面，增强各种技能，广泛阅读。这是大学生读者最具有普遍性和最重要的阅读动机，是直接推动大学生进行阅读的心理力量和意向，对大学生读者阅读行为起着巨大的促进作用。

  专业考试动机是大学生课外阅读的主要动机之一。这一动机具有功利性和强迫性。有25.7%的学生阅读动机是考试，这虽然在情理之中，但是这种为了考试而学习的学习效果肯定会影响大学生知识面的扩展，近而限制思维的发展。这一问题的形成可能和学校的教学制度有关，毕竟大学里考试仍然是衡量许多事情的标准，例如学分、奖学金、评优、毕业等都和考试有关。同时，还有一些考试和将来的就业有一定的关系，例如计算机、英语等级考试。这些来自主客观的压力限制了理工科大学生的阅读动机，应该引起教育者的注意，应对他们进行正确引导，使理工科大学生既能在考试中取得好成绩，同时又不会限制非专业知识的获得。

解惑释疑的阅读动机是大学生读者在学习过程中遇到疑难问题，为了释疑解惑，需要从文献中寻求具体的知识、信息和技术方法，以便顺利完成学业等需要而形成的一种阅读动机。此种阅读动机对文献内容的专指性强，注意阅读的直接、实用效果。这也是良好的阅读动机。

娱乐欣赏动机是大学生读者为了放松大脑，消除疲劳，以获得旺盛的精力更好地学习，或为了获得美的享受和满足艺术欣赏需要的一种阅读动机。此种阅读动机要求文献内容具有知识性、趣味性和广泛性特点。

跟随时尚的动机是由于大学生思想活跃，参与和猎奇心理强，对信息的接受和反应速度快，易产生异化心理所致。这是一个不理想的动机，为了追风而阅读的学生，如果不加以正确的引导可能会影响其学习效果，需要引起我们的注意。

调查表明：有21%的理工科大学生阅读时只看个大概，并且看书的过程中不动笔。很多大学生把大部分的时间用在读小说上，更有甚者在读一些低级趣味的小说，严重地影响了学生们的身心健康和正常学习。针对这一现象，教育者要通过多种方式和手段，有计划地培养大学生良好的阅读习惯，掌握科学的阅读方法。要根据大学教育特点，针对学校实际，充分利用校报、广播、有线电视、橱窗、校园网和校内各社团的刊物等大众传播媒体，通过有关采访报道、交流对话等形式，从各个角度全方位地对大学生进行正确的引导，增强他们的识别能力，学会在信息海洋中遨游，沿着读好书、好读书的轨道发展。

三、阅读课程设计

重视信息检索课程在阅读推广中的作用。阅读推广的最终目的是激发读者内生的读书热情，养成积极主动阅读的习惯。目前高校图书馆的阅读推广工作离这个目标还有很远的距离，图书馆阅读推广工作还存在不少问题，例如，师生参与阅读推广活动的积极性不高；阅读推广活动形式多样，但是流于形式，推广深度不够，读者没有通过活动达到"深阅读"层次；阅读推广活动年年求新但缺乏持久性，未形成成熟的体系和品牌等。将高校阅读推广与信息检索课相融合，使其发挥阅读推广的功能，可作为解决目前阅读推广工作中这一难题的一种尝试。桂林学院"科技信息检索"课程已经开设多年，目前作为全校性公选课供全校学生选修，每学期有32个课时，考核合格后学生可获得2个学分。该校阅读推广活动目前也开展了十多年，学校非常重视阅读推广与信息检索课的融合。从以往的"科技信息检索"上课情况来看，不少选修该课的学生，实际上在选课时对这门学科的内容和作用并不太了解，甚至不知道这门课讲什么内容，部分学生仅仅是想通过选修获得学分，所以并没有深入学习的意愿，这样的态度必然会影响其学习效果。针对此状况，该校对已录取未报到的学生专门开设一门在线课程——"阅读伴我成长"供其选修，这门课以轻松活泼的方式向学生推介一系列优秀的经典图书，以培养学生阅读习惯和兴趣为主要目的。学生在修完该课程后，便可获得2个学分，即学生来学校正式报到时，已经获得了2个学分，极大程度上调动起学生的积极性。该课程推介的图书中包含一本信息检索类图书，通过这节课，让学生对信息检索课有初步认识和了解，进而产生兴趣，学生进校后，如果对信息检索课有兴趣，便可以进一步选修，这无疑会提高他们学习的热情。这种方式需要图书馆与学校教务处进行协调，获得教务处的支持。

鼓励学生参加各种与信息检索相关的阅读活动，例如，该校"readers来挑战——桂林学院图书馆馆藏利用大赛"是一项趣味性极强的阅读推广活动，参赛者需要熟练掌握图书馆OPAC和各种电子资源的检索技巧，并且对图书馆各库室分布情况以及馆藏图书排架规则有一定的了解才可以顺利完成。这项活泼有趣的活动非常受学生欢迎，学生为了在比赛中取得好成绩，会全身心投入信息检索知识的学习和检索技巧的练习中，并且在比赛过程中可接触许多好书，激发了他们阅读图书的主动性。

信息检索课是一门实践性很强的课程，在实践环节中，需要注意多布置一些与阅读相关的任务，并指导学生一起完成。由于信息检索课是公选课，学生来自不同的班级，主修专业也不一样，在教授完基本的信息检索理论与方法后，要求学生制定一份本专业的优秀专业图书推荐书目，2~4

个学生可以组成一组,以图书馆馆藏纸质图书检索、网络信息检索、向专业课教师咨询等方式,针对本专业学习的过程,分阶段、分年级有针对性地制定出各种书目,提高学生们的解决问题能力和团队协作能力。一些学生在制定书目过程中,发现了不少自己原本不知道的优秀专业图书,课后主动去阅读,这也促进了专业图书阅读推广的发展。

有目的地构建高校图书馆隐性课程。在高校,隐性课程与显性课程相对应,主要是指没有列入学校教学计划、非以授课方式所体现的课程。这类课程以非课程化、非公开的方式,在学校的情境中通过各项活动间接地体现出来,在无意识、潜移默化中对学生的综合素质产生影响。隐性课程存在于学校政策中未明文的规定,如学校的组织关系、人际关系、校园环境等,是学校教育经验中经常的、有效的实践和结果,对学生的情感态度和价值观有持续深远的影响。其有特殊的目的性,内容也十分广泛,涉及学校的物质层面(如学校建筑、校园环境、教室景观、人为环境、环廊设计、活动实验室、作品展区等)、精神层面(如意识观念、校风学风、教学理念、办学特色、指导思想、道德情感、价值观等)、心理层面(如师生关系、言行举止、师生心态、家庭及学校人际交往等)、制度层面(如学校规章制度、学校管理体制、班级运行方式、学校组织机构等)等各个方面。可见,隐性课程的构建要素包括建筑、设施、制度、文化等物质内容和组织、心理等方面的内容,具有广泛性、复杂性和包容性等特点,其以一种间接的、暗示的、无意识的方式,长时期地影响学生情感、调整学生行为、激发学生积极性和创造力,其中蕴含着显性课程所不能替代的重要教育功能。从心理学角度来说,隐性课程对受教育者的影响是通过无意识发生作用的。也就是说,外界环境刺激通过人的无意识发生作用,使心理从量变到质变,自然而然形成一种文化的自觉。

图书馆隐性课程在阅读推广方面可以发挥积极作用,是不可忽视的教育活动。就高校图书馆而言,其隐性课程内隐于馆舍建筑、文献资源、阅览空间、文化氛围、馆员行为举止、信息服务等内容之中,具有施教方式的多样性、接受机制的灵活性、授课时空的开放性、育人效果的引导性等特点,广泛地、无处不在地、全方位地对学生进行教育影响;就育人体系来说，图书馆隐性课程完全可以适用于阅读推广。图书馆的建筑、环境、资源、服务等是学生获得非学术性知识和经验的重要渠道，而心理健康教育需要的尊重、温暖、真诚、积极的态度和以人为本的服务理念正好与图书馆的工作理念和氛围相契合。

图书馆构建阅读推广隐性课程具有独特的优势：第一，建设有特色鲜明的馆舍建筑。图书馆的馆舍建筑通常是高校的地标性建筑，体现了学校的特色、风格、品质和文化底蕴，是学校形象的具体展现，在一定程度上也体现了大学精神。这些特质都可以无声地将学校的育人精神传达给学生，给学生提供精神动力。同时，一些大学的图书馆是以伟人或名人的名字命名，如万里图书馆、钱学森图书馆、宁恩承图书馆、包兆龙图书馆、邵逸夫图书馆、张承先图书馆等，这类图书馆不仅体现了学校与被命名者的关系，而且可以在精神层面体现出他们特有的人格魅力、精神风貌以及思想内涵，从而潜移默化地影响学生的言谈举止以及人格修养，促进学生心理的健康发展。第二，拥有丰富的文献资源。图书馆是高校的藏书中心，收藏有学科门类齐全、分类科学有序的各种纸质书籍、报刊和数字资源，能够满足学生发展的需要。同时，图书馆不仅仅是藏书中心，也是阅读者精神生活的中心。例如，许多高校图书馆接受图书捐赠，这些图书不仅代表着捐赠者的高尚情操，也会对阅读者提供精神动力，促使其端正学习态度，树立良好的学风，以健康的心理看待人生。再如，一些高校图书馆建有专门的博物馆，这也有助于学生以良好的心态对待自己所学的专业。此外，多数高校图书馆还建有教师文库，收藏本校教师的科研成果，这对学生也会起到无声的榜样影响和激励作用。第三，有优雅安静的阅览环境。我国著名教育家陶行知先生指出："一种生机勃勃、稳定和谐、健康向上的环境氛围，本身就具有广泛的教育功能。"因此，阅读推广不仅要关注个体感知的心理场，也要关注相关环境的生活场，实现环境育人。图书馆通过营造积极的、健康向上的精神环境，如工作作风、思想理念、人际关系、服务意识等，提供有针对性的、优质高效的服务，有助于帮助学生塑造健全的人格，从精神层面对其产生积极影响，引导其形成良好心理品质。而图书馆所构建的宁静舒适、优雅温馨的内部阅览环境，可以让读者轻松愉悦地沉浸在阅读的美好境界，由内而外地放松身心，与书籍中的人物故事或知识融为一体，以获得良好的阅读体验，促进思想升华。同时，馆舍内部环境的美化（如名人字画、各种展览、绿植等）也会起到激励和美育作用，润物细无声地提高读者的理想追求和审美能力，滋养、抚慰读者的心灵，达到心理健康教育的目的。第四，拥有不同专业背景的馆员队伍。图书馆是面向全校，为全体学生提供知识服务的机构，因此，馆员需要由具有不同专业背景的人员所组成。这些具有不同专业背景的馆员每天与学生打交道，通过长期的密切交流，馆员们可以从不同的角度来感知学生的需求并提供恰当的服务，满足其求知欲，激发其学习热情，这种优势是学校其他部门所不具备的。在与学生的交往中，馆员们美好的言行和事业心、责任感等对学生能起到熏陶、引导、激励和示范的作用，对学生的成长极为有利。第五，可以对大学生的阅读心理进行有针对性的分析。所谓阅读心理，是指读者进行阅读过程中所产生的心理活动。通过大数据分析，图书馆可以掌握每位学生的借书量、阅读范围，从而分析总结出每位学生的阅读兴趣、阅读习惯，掌握其阅读心理，这是图书馆工作所具备的工作优势。根据分析结果，图书馆可以有针对性地提供更优质高效的服务，帮助大学生提高人文素养，树立正确的人生观、价值观和世界观，促进其全面发展。此外，也可以将这种分析结果反馈给学校有关部门，使他们能更有针对性地开展阅读推广活动。

第三节　阅读学分制的设置与认定

一、阅读学分制建设的背景调研

为实现学校的教育目的和引导学生丰富的大学生活，很多学校创办了学分体系。通来笔者调查的14所高校来看，现在的阅读学分制主要有以下三种体系：

课程学分体系。湖南交通职业技术学院的大学生阅读学分实施细则中规定："学生公共选修课学分没有修时，阅读学分可以记入公共选修课学分。"调查显示，阅读学分是高校图书馆开展阅读推广活动的一个有效手段，它有效提高了读者的阅读量与参与度。

阅读学分体系。重庆师范大学的《学生读书学分实施办法》就规定："学校把学生的读书活动纳入学分制管理，并结合导师制开展"，"可获得读书学分2学分"。南京大学规定从2015级开始，完成"悦读经典计划"可以获得悦读通识学分。

其他学分体系。西南大学在《西南大学本科生阅读名著考核与管理办法》中规定："结业考核及格者，可获得名著阅读通识教育2个学分。"山东理工大学规定可以通过阅读书目获得素质拓展2个学分。温州大学的《温州大学学生课外读书活动实施细则》中规定："经鉴定合格，可获得1个课外教育项目学分。"绵阳职业技术学院阅读学分纳入大学生综合素质教育体系。

其他相关调研项目如下：

修取学分要求。在14所高校中有9所是把阅读学分作为选修的，这种学分是可通过其他方式取得学分来替代的。重庆师范大学、襄樊学院、绵阳职业技术学院、南京大学和浙江财经学院5所高校都在细则和办法中提出明确要求，未能修够学分不能毕业。

开始年份。样本中，重庆师范大学开展最早，从2002年起开始实行阅读学分制，其他高校陆续实行，其中2007年1所，2008年2所，2010年1所，2011年2所，2012年3所，2013年1所，2014年1所，武汉工商学院和南京大学2所最晚，从2015年开始实行。

学分分值。从分值上看，重庆师范大学可获得的分值最高，该校规定："除完成读书笔记以外，学校鼓励学生积极参与由学生处、团委及各院系举办的各类读书报告会、征文赛、优秀读书笔展等倡导读书的活动。在此类活动中获奖的学生，毕业时可在已经获得的读书学分基础上加1分（获奖1项加1分）。学生获得的读书学分最高不超过5学分。"南京大学最高可获得的悦读通识学分为4分，其他学校阅读学分分值一般在2—3分。

阅读册数要求。重庆师范大学和浙江财经学院要求读100本，为最多，其中重庆师范大学规定："本科学生在校期间，原则上应完成《重庆师范大学文化素质教育推荐阅读书目》所推荐书籍的阅读，并从中选择20本进行精读（每一类至少选择一本），其余80本为泛读。"武汉工商学院要求读80本（其中专业书籍不少于20本）紧随其后。西南大学的名著阅读要求阅读40本，其中精读10本，泛读30本。绵阳职业技术学院要求读书册数最少为2本，但是还要求必须读10篇文章。除河北石油职业技术学院和黑龙江东方学院没有明确册数要求和通过征文获得学分，12所高校平均要求读书33册。

推荐书目种数和分类。推荐册数最多的是重庆师范大学，为200种。陕西师范大学推荐143种，分为文学、哲学、历史学、艺术类和教师教育类五类，其中文学部分38种，哲学部分34种，历史学部分31种，艺术类部分10种，教师教育类部分30种。温州大学推荐128种，分为中外文化论著、中国文学名著、选集、世界文学名著、中外名人传记和政治、经济、社会五类。西南大学推荐120种阅读书目，分文学、哲学、历史学、美学、艺术学、伦理学、人类学、社会学、法学、科学、人物传记等11大类。

考核方法。多数学校在阅读学分的考核方面有以下几种得分因素或方式：（1）读书笔记；（2）阅读册数；（3）阅读时间。绵阳职业技术学院就要求入馆学习32学时，并利用门禁系统、金盘图书管理系统和网站的读者数据进行对比。（4）创作读后感（读书心得或者读书报告）、论文或文学作品。（5）软件考核。武汉工商学院在阅读学分考核软件考核通过后，方可获得2个学分。（6）参加阅读相关活动。如襄樊学院规定：学生课外阅读的考核分为笔试和口试。笔试占总成绩的70%，口试占总成绩的30%。笔试是指完成不少于2000字的读书心得；口试是指在班级范围内以班会的形式公开演讲读书内容。

阅读证书。西南大学规定学生在校期间，读完至少30本（种）本专业领域以外的书籍，读完每本（种）书时，需撰写不少于1500字的读书笔记或小论文，或创作1500字以上的文学作品，经所在学院（部）及主管部门审核通过，可以申请领取学校制发的"西南大学名著阅读A级证书"。陕西师范大学规定如果能读完20种规定书籍并通过有关学院指定教师的检查，学校发给"文化名著阅读证明书"；如果能读完50种，参加文学院、历史文化学院或政治经济学院的4门专业主干课程（任选）的考试，成绩合格者，学校发给"副修专业证书（专科）"。

阅读学分制开展后的反响。中国青年报《西南大学"读名著拿学分"引发师生争议》中报道称："截至目前，西南大学大一的9000多名学生中已有7000多人报名选读名著。"楚天金报的《高校推行"阅读学分"》中就提到武汉工商学院"阅读学分制引发了学生的读书热潮，该校图书馆2015年12月底发布的数据显示，学生总借书量是2014年同期借书量的3.5倍"。

二、应用型高校阅读学分制构建的路径

开展阅读学分制的高校，在阅读内容上均采取"推荐阅读书目"的方式。"推荐阅读书目"包含人文社会科学和自然科学两大类别。这两大类又可以分为6个模块，每个模块30种，总计180种图书。学生可根据自己的专业在6个模块中有所侧重地进行选择。有的院校还分为精读和泛读，对每学期的阅读量作出要求，鼓励学生跨学科、跨门类、跨专业阅读，以拓宽阅读的知识覆盖面。高校图书馆可充分发挥资源优势将优秀的、经典的各类读物推介给学生。有条件的图书馆还可以建立专门的阅览室，同时将纸质载体和声像载体的阅读资源展现给学生，让学生体验到获取知识的快乐，培育他们猎奇求异的读书热情，同时起到教学相长的良好效果。

为配合阅读学分制的实施，应建立相应的阅读教育机构。阅读教育机构的职能主要是组织协调与阅读学分制、阅读教育相关的各方面工作，阅读书目的推荐，阅读报告的考核、评价和相关答疑解惑，成绩汇总和补考等。阅读教育机构的第一责任人应为图书馆馆长，成员为图书馆业务骨干、各教学单位负责人和专业导师队伍组成，也可邀请校外专家参与。阅读教育机构的牵头单位——图书馆要负责全面的组织、协调

工作，保证阅读教学的顺利进行，开展深层次的阅读教育服务，加强大学生的阅读技能和阅读方法教育，使他们能够在众多阅读资源中有效地选择读物。

学分的取得方式。学分作为衡量学生完成要求科目课程或者达到某个级别所需要的学习量的一种单位，其已经在高校中普遍使用。各高校根据教学计划对学分的分配各不相同。以山东外贸职业学院为例，目前实行的学分制度中包含了必修课学分、选修课学分以及学分银行。学分银行的含义为：除选课外，学生通过其他途径获取的学分，如参加课外活动、获取各类证书，两种方式都可以替换相应的学分。

阅读学分取得的方式。作为大学生素质发展的第二课堂，图书馆有义务推进实行阅读学分制。阅读学分可以通过以下方式获取：（1）借阅达到一定数量取得学分。目前对于学生阅读的量化标准有很多，其中最方便的就是要求学生的阅读达到一定数量，并且要求学生阅读之后写出读后感，最终由专业教师进行打分。（2）参加信息检索课取得学分。信息素质是终身学习的促进因素，是大学生素质结构的基本内容之一，对于指导学生自主学习，培养学生的思维能力有着重要的意义。因此，图书馆有义务培养学生的信息检索能力，可通过学分吸引甚至约束学生对信息检索知识的学习。（3）参加数字资源讲座取得学分。数字资源是文献信息的表现形式之一，是将计算机技术、通信技术及多媒体技术相融合而成的以数字形式发布、存取、利用的信息资源综总和。学生参加数字资源讲座，有利于加强信息资源利用能力，使数字资源利用效益最大化。（4）参与图书馆活动取得学分。上述三种方式都是基于对学生素质提升的角度而采用学分制进行约束。此外，还可以在高校内实施读书会制度、定期举办主题读书研讨或辩论会，开阔学生们的思路，并对参与图书馆活动的行为进行学分奖励。

阅读学分的评定与统计方法。阅读学分设置总分100分，学分认定主体为图书馆，图书馆根据学生电子资源的使用情况、参加信息检索课讲座以及数字资源讲座等情况，按照单项学分权重乘以成绩之后相加获得总分。

阅读学分设置

项目	满分	权重	说明
图书借阅数量	100	0.6	每借一本书5分，加读后感15分。
信息检索课课程成绩	100	0.1	优、良、中、及格、不及格对应20/15/10/5/0分
阅读推广讲座参与次数	100	0.1	每次10分
数字资源使用频率	100	0.1	每次1分
参加图书馆活动次数	100	0.1	每次10分

第三章 应用型高校阅读学分制的实践与效果——以桂林学院为例

第一节 应用型高校历年阅读推广活动实践

一、2017年阅读推广活动实践

桂林学院图书馆综合服务部根据部门年度工作计划，从拓展阅读推广形式、创新阅读推广方式等方面入手，以提高馆藏资源利用率、提升服务质量和读者满意度、保障学校的教学和科研工作为目标，努力进取，有序开展各项工作。创新阅读推广模式，构建书香校园，馆、系、社团共建阅读推广活动，构建以图书馆为中心、各系参与、学生社团辅助开展的全校性立体阅读推广模式：在学校"书香漓院、读具匠心"主题下，设备系子项目，如书香中文、书香外语、书香政法、书香管理、书香音教、书香艺设、书香理工、书香体育等。图书馆、各系、弘毅读书社围绕阅读活动主题开展不同层次的内容丰富、形式多样的读书活动，使阅读推广活动更深入、参与范围更广、影响力更强。

2017年度阅读推广活动一览表

活动	组织单位	开展情况
优秀图书展	广西师范大学出版社，漓江出版社，漓江学院图书馆	展出优秀图书600多种2000多册
黄伟林《桂林：山水合一的山水城市》	漓江学院图书馆	共计450名师生聆听
蒋述卓《诗词：中国文化的名片》	漓江学院图书馆	

活动	组织单位	开展情况
"评一本好书，找一个知己"书评征文	漓江学院图书馆	收到40篇参赛作品
"私人书单——2017年度计划阅读书单分享"活动	漓江学院图书馆	11人参与分享
"一页PPT设计"大赛	漓江学院图书馆	24人参与
图书管理员角色扮演体验活动	漓江学院图书馆	94人参与
开展信息检索技能比赛	漓江学院图书馆	20人获奖（63人参与）
开展"一站到底"知识竞赛	漓江学院图书馆	20人获奖（62人参与）
"八桂书香远，诗书气自华"	广西图书馆学会主办	一等奖1人 二等奖1人 三等奖4人

2017年世界读书日系列活动之一 "广西高校青年读书季 观文馆·经典共读"活动执行方案

1. 统一活动主题及流程安排

4月21日15：00—16：30，20所高校同时同步举行主题同为"力量"的阅读分享会，由观文馆朗读者讲述人与书的故事。活动分为1个主会场和19个分会场，主会场定于广西民族师范学院。

20个会场的活动时间统一为90分钟，活动流程一致，具体如下：

（1）观看精选的观文馆馆长、朗读者、校园导师、校园小馆主、书友创作的小视频。

（2）6位朗读者讲述人与书的故事，并现场朗读。

备注：小视频、朗读者证书提前做好发给各校，流程（2）的节目由团委负责人（校园导师）负责。

2. 统一活动名称及署名落款

活动名称：广西高校青年读书季 观文馆·经典共读

主办单位：共青团广西壮族自治区委员会

　　　　　XX学校

广西师范大学出版社集团有限公司

承办单位：XX学校XX学院或部门　观文馆

3. 各校诵读节目的筹备

节目数量：6—7个

节目形式：故事叙述+现场朗读

故事叙述的方式多样，可口述，可主持人采访带出故事，可播放一段小视频，可表演，等等；朗读的形式也可多样，可个人，也可集体吟诵、演诵、朗读等。

朗读篇目可从如下书目中选：

（1）《平凡的世界》（必选）

（2）《牡丹亭》（必选）

（3）《诗经》

（4）现代诗词（舒婷、北岛）

（5）木心散文、诗歌作品

（6）其他中华优秀传统文化经典篇目，或者青春励志文段、父爱母爱师赞文段

4. 活动宣传报道

活动前期，各校通过海报、宣传页、新媒体等形式对活动进行预热；活动当日各校对本校的活动进行总结性报道，并将所有的报道文字、图片、音视频资料汇总发到邮箱815161249@qq.com，文件命名格式为"XX学校4·21活动报道资料"。

5. 活动时间安排

（1）4月14日，出版社向各高校寄送活动物资：10个布袋、10本礼品书、10本观文馆小册子、10本朗读者聘书、300份书签，其中1个布袋装1本礼品书和1本观文馆小册子，用作特邀嘉宾的礼物；10本朗读者聘书在活动最后一个环节，现场颁发给当日上台表演的朗读者；300份书签用作现场观众的礼物。所有邮寄物资统一寄给各校校园小馆主，由小馆主代为处理。

（2）4月18日，学校向出版社提交本校的活动策划方案，方案需包含的内容有：活动流程表、时间推进表、节目安排表。

（3）4月18日，出版社向学校提供如下资料：A. 活动开场白中对"观文馆"及"观文馆·经典共读"的介绍文字；B. 活动流程（1）中的视频资料；C. 活动海报、横幅、背景板的设计原图。

（4）4月21日15：00—16：30，20所高校同时同步举行"广西高校青年读书季 观文馆·经典共读"活动。

（5）4月21日晚，最晚次日，学校向出版社提供如下资料：A. 活动前期及活动当日的宣传报道文字、图片、音视频资料；B. 本次活动本校朗读者的信息（含班级、职务、姓名、联系方式、分享的故事主题、朗读的文段）；C. 活动负责人（或校园导师）的身份证复印件。

（6）出版社收到学校提供的上述资料后，于10个工作日内发放活动经费。

6. 人员分工

团委负责人（校园导师）：作为本次活动的总负责人，负责本校活动的组织实施。

校园小馆主：负责接收出版社寄送的物资，代为发放；活动后汇总上述所提到的资料，发到指定邮箱：815161249@qq.com；需要协助校园导师完成的其他工作。

出版社：全程指导、配合各校组织本次活动。

2017年世界读书日系列活动之二
"24小时校园阅读空间"大型阅读主题活动之"阅读马拉松"
校园团队执行手册

1. 如何组建活动执行团队

观文馆校园小馆主作为本校本活动负责人，将由你来组建一支执行团队，你可以在社交平台上发布问卷调查，或通过现场宣传报名等方式来寻找对阅读有兴趣和热情的伙伴。团队人数5人以上、10人以下为佳。因为"阅读马拉松"这一活动的策划与宣传、物料的准备、现场的布置与控制都需要专人负责。

在团队组建成功之后，你们可以开展一系列团队破冰活动来促进团队成员间的交流，增进大家的了解并培养出多方的默契。比如你们可以举行"黑暗听歌会"，在一个放松的环境下，随机播放事先向团队成员收集的歌单。在一首歌曲播放结束后，推荐人将讲述推荐的理由，其他人也可以接着分享自己听到这首歌的感受,让成员们在跃动的音符中，寻求到心灵的共鸣；或开展一次以书为主的读书分享会，谈谈彼此独特的见解，让成员们加深对阅读的理解。

2. 如何策划本校落地活动方案

"阅读马拉松"的活动时间为4月23日全天，从早上9点持续到晚上19点，此为对外开放时间。4月22日19点至4月22日24点则为团队的内部调试与布置场地时间。

（1）场地选择

首先，请你确保场地的大小与时间能满足"阅读马拉松"活动的实施条件。你可以按照心中所想，在校园或人流量大的区域中寻找一个适宜开展中大型活动的空间，学生活动中心、创新创业园区、安静舒适的咖啡厅、藏书丰富的图书馆，甚至几间教室，或者体育馆和露天广场等都是不错的选择。我们的建议是尽量选取一个较大的空间，既能够容纳愿意参与"阅读马拉松"活动的众多读者，也能为被活动吸引过来随机加入的朋友提供阅读的安静位置。

（2）场地布置

"阅读马拉松"活动可依托场地的座椅，或通过设置坐垫、帐篷，设置出适合进行个人阅读的区域，并在区域内进行相应的陈列和设置，请充分发挥团队的设计感，营造一个适合读书的安静、温馨的氛围。我们建议在原有空间装饰的基础上采取"众创"和"共建"的形式。人所钟情的物件各有不同，我们鼓励团队成员发挥创意，使用自己独特的物品自由摆设，可以是一把吉他，一幅字画，也可以是一盆仙人球，让你们的阅读空间令人放松且美丽出众。

（3）活动形式

你可以为参与"阅读马拉松"的读者朋友准备一定数量的书籍，也可以选择读者自带阅读书籍的形式。有条件的执行团队还可以围绕"阅读"这一主题自行设计一系列相关的活动，使我们的活动更为丰富、有趣又有意义。

观文馆"寻找朗读者，征集人与书的故事"已于近日开通线上报名渠道，各校可于4月23日，在开展"阅读马拉松"活动的同时，举办观文馆"寻找朗读者，征集人与书的故事"校园专场活动，现场招募观文馆的朗读者和"人与书的故事丛书"的作者。

3. "阅读马拉松"活动的具体流程

（1）活动宣传流程

A. 前期宣传

由于"阅读马拉松"是一项联动全国各大高校的大型阅读推广活动，自3月27日发布活动招募起，便吸引了大量高校报名参与。广西师范大学出版社将联合各大高校的新媒体与线下资源进行活动预热与推广。

B. 前期报名

广西师范大学出版社将于4月17日提供"阅读马拉松"活动统一报名入口供各大高校学生提前报名，并将报名数据反馈给各大高校便于活动负责人预估人数，并提供短信提醒服务。

（2）活动当天流程

"阅读马拉松"活动流程：活动全天开放，方便读者随时参与挑战或退出。我们会提供一个页面，读者进入页面后可以点击"开始挑战"并显示计时时间。开始活动后，进入该区域的同学，需将电子设备存放在信封内并自行保管。挑战者在一定时间内（建议3小时）连续进行阅读，完成挑战者可以联系现场工作人员取出手机并获得完赛证书。（我们将根据17日的报名数据为各大高校提供一定数量的纸质证书，数量预计在300份），经费充足的学校也可自行设置1小时或者2小时的阅读奖励。

观文馆"寻找朗读者，征集人与书的故事"活动流程：你可以在24小时校园阅读空间开辟一块区域，设置"声音采集亭"和"故事投递筒"，声音好，就来朗读；故事好，就来投稿。现场设置报名和投稿渠道。参与活动的同学可扫描二维码，跳转到活动介绍页，按照上面的提示完成报名。投稿的同学还可以用我们为你准备的小卡片，写上你要分享的故事主题，并留下你的联系方式，将卡片投递到提前准备好的邮筒中。我们会找到你，邀你成为我们的作者和书中人。

"24小时校园阅读空间"之"阅读马拉松"项目时间表（仅供参考）

日期	时间	项目			
4月22日	19：00-24：00	布置场地			团队活动
		物料准备	场地设计	场地装饰	破冰游戏（如黑暗听歌会、观影会、夜聊活动）
4月23日	9：00-19：00	"阅读马拉松"活动			
		观文馆"寻找朗读者，征集人与书的故事"活动			

4. 如何获取更多的外部资源支持活动的开展

你的团队可针对不同的需求寻找合作资源，寻求共赢。如书籍的准备方面，可以向同学众筹，也可以与图书馆合作，还可以与周边的书店合作。

物料上可寻求赞助商家的支持，宣传记录方面可选择与校媒组织、摄影协会或工作室等合作。

5. 执行团队任务清单

（1）提供活动策划方案

请将策划方案发送至邮箱：Yer0710@163.com

活动方案需包含的内容有：

A. 活动流程安排表

B. 活动时间推进表

C. 活动人员分工表（策划、协调、文案、宣传、物料、场控等）

D. 合作方资料（负责人手机号、微信号、邮寄地址等）

我们将搭建联络微信群，与合作伙伴保持及时的联络，并开展线上沟通。根据具体合作事宜沟通细节，跟进学校方案、场地等环节，确定合作形式。

（2）配合宣传

A．活动前期

可联动所有参与组织或个人自媒体在各人平台推送预告进行活动预热。宣传方式可选择播放宣传片、印发传单、开展定点宣传等。

B．活动中期

请配合现场图片的收集与反馈工作，有条件的执行团队还可进行微博、QQ空间、朋友圈图文直播。

C．活动后期

将请合作方配合我们收集、整理活动数据，如公布"最受欢迎的书"投票结果，并发布推文，总结本次活动。有条件的合作方还能够联系媒体进行报道或举办以"探讨校园阅读空间的可能性"为主题的征文比赛，让活动在后续得到更广泛的传播。

执行团队物料清单：

设计类：海报电子版

纪念品：阅读马拉松证书、入场纪念卡、胸贴、印章、标题贴

消耗品：信签纸、签字笔、信封、卡纸、便利贴等

设计类物品我们会提供图片原件供你打印，纪念品我们到时会采取邮寄的方式寄送给你，消耗品请你自行准备，我们将为每一个合作方提供上限为200元的物料经费，采取报销发票发放。

二、2018年阅读推广活动实践

2018年，依据本年度工作计划，在部门领导的支持与引导下，以提高资源利用率、提升服务质量和读者满意度为目标，有序开展各项工作。

开展资源利用推广培训，提高资源利用率。完成超星、知网、维普资源等电子资源推广应用活动及培训，约1500人参加，促进广大师生熟悉并掌握电子资源利用方法与技巧。为3000多名2018级新生开展16场次新生入馆教育培训，为新生有效利用图书馆资源奠定良好基础。

2018年度阅读推广活动一览表

活动	组织单位	开展情况
各类数据库使用培训	漓江学院图书馆	约1500人参与
王朝元《审美意境与艺术作品欣赏》讲座	漓江学院图书馆	约90人参与
赵巧艳《知行合一、止于至善——论大学生怎样读万卷书与行万里路》讲座	漓江学院图书馆	80人参与
赖晓葭《女性职业规划》讲座	漓江学院图书馆	85人参与
贺雷《中国古代建筑审美意匠》讲座	漓江学院图书馆	约90人参与
4·23"阅读一小时"活动	广西师范大学出版社集团主办 漓江学院图书馆承办 弘毅读书社协办	约350人参与
全国大学生中华经典美文诵读大赛活动	中国图书馆学会	中文作品《土地的誓言》获全国二等奖
以"以诗为友——唐诗为镜照汗青"为主题的馆员阅读分享会	漓江学院图书馆	全体馆员参与
开展"对我影响最深的一本书"书评征文活动	漓江学院图书馆	32人参与
开展"私人阅读十佳"书籍推荐活动	漓江学院图书馆	23人参与
"诗与远方"线上答题知识竞赛	漓江学院图书馆	45人提交有效试卷
定期开展图书推荐工作	漓江学院图书馆	推荐图书总计1400余种
图书检索比赛	漓江学院图书馆	55人参与
夜读分享会活动	漓江学院图书馆	参与者60人，其中21名同学进行了阅读分享
信息资源检索比赛	漓江学院图书馆	56人参与
一站到底知识竞赛	漓江学院图书馆	66人参与
全国首届图书馆杯主题海报创意设计比赛	中国图书馆学会	推荐7份参赛作品

活动	组织单位	开展情况
"国防在我心中"主题征文活动	中国图书馆学会主办 漓江学院图书馆、校团委承办	推选10份作品参加区级比赛
"书香校园阅读圆梦"经典诵读微视频征集大赛活动	中国图书馆学会主办 漓江学院图书馆、校团委承办	推选20份优秀视频参加区级比赛
开展"最美读书人"影像征集活动	漓江学院图书馆、超星公司联合主办	收到30份有效作品

2018年第九届"书香漓院"读书月主题活动

读书月启动仪式暨馆员导读：

活动目的意义：生活里没有书籍，就好像没有阳光；智慧中没有书籍，就好像鸟儿没有翅膀。知识是人类进步的阶梯，阅读则是了解人生和获取知识的重要手段和最好途径。在第23个"世界读书日"来临之际，我院图书馆将组织开展"共享阅读"第九届读书月系列活动。通过举办读书月系列活动，让更多的师生认识到阅读的重要性，参与到阅读的行列中，营造浓郁的书香氛围，丰富学生的文化生活，激发师生的读书热情，培养良好的读书习惯。

活动地点：多功能阅览室报告厅

活动时间：2017年4月23日14：30—16：30

主办单位：广西师范大学漓江学院图书馆

协办单位：广西师范人学漓江学院 弘毅读书社

参与对象：全院师生

活动内容：读书月活动介绍；馆员导读沙龙。

活动流程：

1. 前期宣传及准备工作

本期馆员导读由采编部吴钢老师主讲，吴老师负责前期资料准备。

图书馆综合服务部负责前期宣传、海报（横幅）制作、设备安装与调试、场地布置与安排、读者招募。

弘毅读书社协助前期宣传，负责宣传单页发放；组织会干会员参与活动，协助进行场地布置。

2．活动进行阶段

（1）14：30主持人开场

（2）14：40出版社代表介绍本出版社概况与书展主题

（3）16：00主讲人与读者合影留念

3．后期整理资料阶段

综合服务部负责活动记录的整理，归档与后期成果展示；负责新闻稿件的撰写，现场照片的拍摄。

4．要求

（1）工作落实及参加活动人员要求

A．各老师请按照以上所分配任务做好各项准备工作，活动开展过程中，如有突发情况发生，请及时处理，处理不了的联系何秀梅。

B．图书馆采编部、流通部、弘毅读书社会干无特殊情况的老师也到现场参加活动，特别是党员同志。

（2）活动到位时间要求

全体无特殊情况的馆员14：00到会场，根据现场需要协调工作安排。

第二届"阅读达人"系列比赛（下半年）

活动启动仪式：

活动目的及意义：在新媒体迅速发展的今天，为了拉近图书馆和读者的距离，激发学生的读书热情，使学生养成爱读书、读好书的习惯；读书月特举办"阅读达人"系列比赛评选活动。通过活动的开展让更多的人漫步于书廊下，畅游于书海中，从而学得更多获得更多。

活动时间：2018年9月下旬（待定）

活动地点：食堂小广场

主办单位：广西师范大学漓江学院图书馆

协办单位：广西师范大学漓江学院弘毅读书社

参与对象：全院师生

活动内容：介绍"阅读达人"系列活动内容与积分赛所占分值比例。

活动流程：

1. 前期宣传与准备阶段

图书馆综合服务部负责前期宣传、海报（横幅）制作、设备安装与调试、场地布置与安排、读者招募。

弘毅读书社协助前期宣传，负责宣传单页发放；组织会员会干参与活动，协助进行场地布置。

2. 活动进行阶段

主持人开场并介绍到场嘉宾，以及图书馆"阅读达人"系列活动内容及奖项设置；

请图书馆馆长发表讲话；

由学生代表进行倡议阅读发言；

由校领导宣布"阅读达人"活动启动；

活动结束，有兴趣的可以现场咨询报名。

3. 后期整理资料阶段

综合服务部负责活动现场的摄影、活动记录的整理，归档与后期成果展示；负责新闻稿件的撰写，拍摄照片；活动经费筹备。

第一届"夜读分享会"读书沙龙

活动目的及意义：为响应《全民阅读"十三五"时期发展规划》要求，为广大漓江学院师生创造一个更好的读书环境。我院图书馆特开展"夜读分享会"活动。通过本次活动旨在引导同学们多读书、读好书，积极分享阅读心得，形成爱读书热潮，接受中外文化的熏陶，陶冶性情，丰富人文精神，培养文化人格，提高素养，同时促进校风、学风及文明校园的建设。

活动时间：10月中旬

活动地点：多功能阅览室

主办单位：广西师范大学漓江学院图书馆

承办单位：广西师范大学漓江学院弘毅读书社

活动流程：

1. 前期宣传与准备阶段

图书馆综合服务部负责前期宣传、海报（横幅）制作、场地布置与安排、读者招募。

弘毅读书社协助前期宣传，负责宣传单页发放；负责阅读分享人招募；组织会员会干参与书展活动；协助进行场地布置。

2. 活动进行阶段

（1）19：30主持人开场；

（2）19：40阅读分享人分享自己推荐阅读书籍及阅读感悟；

（3）20：30参与者相互交流；

（4）20：45活动结束，分享人与读者合影留念。

3. 后期整理资料阶段

综合服务部：负责活动记录的整理，归档与后期成果展示；负责新闻稿件的撰写，现场照片的拍摄。

4. 注意事项

（1）各部门按照工作安排按时完成任务，有情况及时汇报并处理；

（2）活动期间，工作人员不得擅自离开工作岗位，共同维持现场秩序。

第二届"一站到底"知识竞赛

活动目的及意义：为热爱知识竞赛的同学提供展示的平台，让同学们更好地领略演讲的魅力，使书籍与年轻一代能够近距离接触，展示、锻炼同学们的口才，营造良好的人文氛围，通过演讲的形式培养大学生对读书的兴趣。由此展现大学生的时代风采，提高大学生的文学素养，在演讲中融入时代气息与生活气氛，丰富校园文化与生活。

活动时间：10月上旬报名，中旬进行笔试答题初选

活动地点：多功能报告厅（暂定）

主办单位：广西师范大学漓江学院图书馆

协办单位：广西师范大学漓江学院弘毅读书社

参与对象：全院师生

报名要求：各系组织报名，报名选手不受限制。

活动内容：初赛为笔试答题，筛选出每系前3名选手组队进行一站到底的决赛。

奖项设置：一等奖1名，二等奖4名，三等奖5名，优秀奖10名。

活动流程：

1. 前期宣传与准备阶段

图书馆综合服务部负责制作海报，并在各馆以及食堂宣传栏张贴宣传海报（10月上旬）；准备活动用题并做成PPT，题目范围包括经典书籍常识、古诗词、人文地理、生活、政治、法律等内容。

弘毅读书社完成活动会场布置；联系活动主持人确定活动举办时间；活动时间确定后联系申请活动场地；

2. 活动流程

（1）主持人开场白介绍活动内容及到场嘉宾。

（2）由主持人介绍抽签最先上台答题的团队。

（3）由主持人介绍其他选手，介绍完毕后由站台选手进行自行选择对手进行答题比赛。

（4）活动依次进行，并且每一局对选手的答题进行打分，站到最后的团队为一等奖，其他团队根据答题得分高者为二等奖，三等奖2名，其余团队均获得优秀奖，根据答题情况初选中积分最多的系部获得"最佳组织奖"。

（5）邀请领导对活动进行总结点评。

（6）由主持人宣布活动结果，如果奖项出现并列时可以加试题目，一题定结果。

（7）邀请图书馆馆长宣布获奖情况。

（8）颁发奖品。

3. 后期整理资料阶段

综合服务部负责活动现场的摄影、活动记录的整理，归档与后期成果展示；负责新闻稿件的撰写，联系影像工作室拍摄视频；活动经费筹备。

第二届信息检索技能比赛

活动目的及意义：通过竞赛的形式增强大学生对信息检索技能的重视，提高其信息检索能力，为查找资料、撰写论文打下良好的信息素养基础。

活动时间：5月上旬报名，5月中旬进行比赛

活动地点：电子阅览室

主办单位：广西师范大学漓江学院图书馆

协办单位：广西师范大学漓江学院弘毅读书社

参与对象：全院师生

报名要求：可个人报名，也可由各系组织报名，报名选手不受限制。

比赛内容：利用图书馆的数据库或其他搜索引擎，检索数字文献资源信息。

奖项设置：一等奖1名，二等奖1名，三等奖2名，优秀奖4名。

比赛方式：

各位选手从工作人员手中以抽签方式确定分组和机位号，凭本人学生证或身份证签到。在比赛所用计算机前坐下，对号入座。

比赛开始前，计算机处于锁定状态，听到比赛开始指令后，点击"确定"按钮，打开收藏夹中图书馆网站的地址（lib.jstu.edu.cn），在本馆动态中打开"信息检索技能比赛题目"链接，根据前面抽签确定的分组，选择所在分组的题目，新建一个Word文档，把题目复制到Word中按答题要求进行信息检索，并把答案记录在该Word文档相应题目后，答题完成后以文件名"分组号_姓名"格式如"03组_李明"保存到计算机桌面上，然后以附件形式发送到指定电子邮箱中：ljxytsgwx@126.com。比赛中不得交头接耳，否则以作弊论处，取消比赛资格。

在听到比赛终止指令后，计算机会自动锁定，无法操作。在原地等工作人员确认后方可离开。若违反，则成绩按零分计算。

比赛时间为40分钟。

活动流程：

1. 前期宣传与准备阶段

（1）由图书馆综合服务部负责制作海报，并在各馆以及食堂宣传栏张贴宣传海报（5月上旬）；准备活动用题.

（2）活动会场布置，由弘毅读书社完成（活动当天）。

（3）确定赛场工作人员。

2. 活动进行阶段

（1）按照报名情况分配赛场，并通知参赛者按时凭有效证件参加竞赛。

（2）严禁携带书籍及通信设备、具有记忆功能的电子设备进入赛场，如已携带，统一放置到指定地点。

（3）机试时间为40分钟。

3. 后期整理资料阶段

综合服务部负责评分、活动现场的摄影、活动记录的整理，归档与后期成果展示；负责新闻稿件的撰写，联系影像工作室拍摄视频；活动经费筹备。

三、2019年阅读推广活动实践

（一）开展丰富多彩的文化活动，营造读书学习氛围

组织开展了第十届"书香漓院"读书月活动。活动期间举办了"阅读马拉松"活动、"品味经典"主题阅读分享活动、"读经典文学，圆青春梦想"主题征文活动、"经典美文"朗诵比赛活动、优秀电影观影展播活动、图书馆"读者开放日活动"、剪纸作品征集活动等一系列阅读推广活动，扩大全民阅读在校园的影响。组织参加了由中国图书馆学会和国家图书馆主办的以"读经典 学新知 衔接美好生活"为主题的4·23全民阅读活动，参加了"同城共读"4·23主题活动、"万卷共知"阅读竞答活动。

（二）承办各类比赛活动，调动学生积极性

组织615名学生参加了2019年全国大学生"图书馆杯"英语口语风采展活动，参赛人数在全部976所参展高校中名列第59；组织学生参加广西本科

院校"追梦·为青春喝彩——献礼新中国70华诞"诵读活动，170名学生提交了诵读作品，8名学生晋级区复赛，2名学生晋级现场决赛并获优秀奖。

（三）邀请名师讲座，打开学生新视野

邀请了广西师范大学郭中华副教授为师生开展了《经典之爱》阅读讲座，引导学生学习中华优秀传统文化，弘扬民族精神；通过广西师范大学出版社集团大学书店邀请到了世界记忆大师李威到校做了一场"超强记忆力养成计划"的演讲，开启了校企合作"文化进校园"的第一步；邀请浙江农林大学图书馆原馆长颜务林研究馆员做了一场关于《如何阅读一本书》的讲座，与同学们交流阅读的正确方法。这些讲座活动，丰富了图书馆文化活动的内涵。

（四）加强图书导读宣传

通过平面宣传、网络宣传和实物书展等方式，及时向师生传递图书信息；图书馆网站完成好书推荐7期，新书推荐19期，通过新书展架展出新书和荐读图书7000多种，把更多的阅读资讯传导给读者。

此外，为更好地了解广大读者需求及有的放矢地加强工作中的短板和不足，图书馆还通过微信问卷星系统开展了问卷调查，得到了416名读者的参与，并从调查反馈的信息当中找到改进工作的具体抓手。

2019年度阅读活动一览表

活动	组织单位	开展情况
李威"超强记忆力养成计划"讲座	广西师范大学出版社集团大学书店、漓江学院图书馆	共计180名师生聆听
郭中华副教授主题为《经典之爱》的阅读讲座	漓江学院图书馆	共计80名师生聆听
阅读分享会	漓江学院图书馆	13名来自不同学院的同学分享读书体验
"读经典文学，圆青春梦想"主题征文	漓江学院图书馆	参加人数43人
"经典美文"朗诵比赛	漓江学院图书馆	参加人数32人
"剪纸——剪出中国字，弘扬经典文化"	漓江学院图书馆	参加人数30人
"庆祝新中国成立70周年——我和我的祖国"主题演讲	漓江学院图书馆	参加人数43人

"真情演绎，声动漓院"电影配音大赛	漓江学院图书馆	参加人数50人
"重温经典，筑梦校园"影评活动	漓江学院图书馆	参加人数53人
"京东读书"大型资源利用培训活动	京东读书校园版、漓江学院图书馆	参加人数180人
"如何阅读一本书"大型阅读技巧活动	漓江学院图书馆	参加人数180人
"追梦·为青春喝彩——献礼新中国70华诞"第一届广西高校图书馆朗读大赛	广西高教学会图书馆专业委员会、广西高校图书情报工作指导委员会、漓江学院图书馆	参加人数170人，推送区级复赛作品8个

第十届"书香漓院"读书月活动启动仪式

活动意义：经典是文化的精粹，是人类文明的积淀，在第24个"世界读书日"来临之际，我院图书馆将组织开展"与经典同行"第十届读书月系列活动。通过举办读书月系列活动，让更多的师生直面经典、诵读经典、感受经典，在丰富知识的同时形成良好的行为习惯和优秀的道德品质，进一步激发当代大学生的读书热情，增强民族自信心和自豪感。

活动主题：与经典同行

活动时间：4月23日14：30—17：00

活动地点：食堂小广场（三楼阅览室）

活动对象：全体师生

主办单位：广西师范大学漓江学院图书馆

协办单位：广西师范大学漓江学院弘毅读书社

活动流程：

1. 主持人介绍活动背景、主题，分别介绍到场嘉宾领导。

2. 学院领导致辞。

3. 王忠馆长致辞。

4. 邀请荣获2018年全国大学生经典美文朗读二等奖的选手现场朗读展示。

5. 为2017—2018年度"借阅之星"现场颁奖。

6. 主持人结束语，宣布活动结束。

中华传统文化经典书籍推荐及书展

编者按：为传承中华民族的历代文化经典，弘扬中华民族优秀传统文化，构建中华民族的精神家园，实现中华民族伟大复兴的"中国梦"提供精神助力，本馆特为读者推荐本馆典藏的优秀中华传统文化经典书籍，引起大家对经典书籍的关注，希望大家能够从经典书籍中汲取营养、丰富知识、完善人格。

活动主题：与经典同行

活动内容：挑选馆内符合中华传统文化经典书籍主题的图书进行推荐，以海报的形式张贴到宣传栏，同时将实体书放置于三楼主题书展台供学生阅览。

活动时间：4月15日—5月15日

活动地点：馆区宣传栏及三楼主题书展台

活动对象：全体师生

主办单位：广西师范大学漓江学院图书馆

协办单位：广西师范大学漓江学院弘毅读书社

名师经典阅读讲座

活动意义：让大家在名师的引导和带领下，感受经典魅力，品味精粹之华。

讲座主题：经典之爱

讲座内容：名师围绕中华传统文化经典书籍向学生们介绍读经典的好处，以及如何更好地阅读经典书籍，并向同学们推荐必读的经典书籍，从经典书籍入手，展开讨论阅读的重要性，引导更多的学生养成多读书、读好书的习惯，提高学生们的阅读兴趣。

活动时间：4月11日（待定）

活动地点：三楼阅览室报告厅

活动对象：全体师生

主办单位：广西师范大学漓江学院图书馆

协办单位：广西师范大学漓江学院弘毅读书社

经典阅读分享会

活动意义：为进一步推动第十届读书月活动的深入开展，提高读者对经典文化的认识，增强读者之间的悦读交流，特举办以"品味经典"为主题的阅读分享会。通过这样一个分享平台，引起广大读者的共鸣，从而产生阅读的兴趣，达到快乐阅读的目的。

分享主题：品味经典

讲座内容：名师围绕中华传统文化经典书籍向学生们介绍读经典的好处，以及如何更好地阅读经典书籍，并向同学们推荐必读的经典书籍，从经典书籍入手，展开讨论阅读的重要性，引导更多的学生养成多读书、读好书的习惯，提高学生们的阅读兴趣。

活动时间：4月18日

活动地点：三楼阅览室报告厅

活动对象：全体师生

主办单位：广西师范大学漓江学院图书馆

协办单位：广西师范大学漓江学院弘毅读书社

中外优秀电影展播

活动意义：为了充分发挥数字资源的优势，满足广大读者的文化需求，营造浓厚的校园文化氛围，图书馆于4月份开展经典电影展播活动，通过播放内容丰富、题材多样的影片，使学生感悟不同的人生。

影片名称：《肖申克的救赎》《阿甘正传》《隐形的翅膀》《活着》（待续）

活动时间：4月份开始每周六19：00-21：00

活动地点：三楼阅览室报告厅

活动对象：全体师生

主办单位：广西师范大学漓江学院图书馆

协办单位：广西师范大学漓江学院弘毅读书社

读书月系列活动之征文比赛

活动目的及意义：经典文学是人类瑰丽的文化遗产，阅读经典犹如与一位学识渊博的智者谈话，其是人生的导师，是生命的养料。阅读经典更是一种成长的需要。为了引导和鼓励更多的读者深入学习经典文学，我馆特举办"读经典文学，圆青春梦想"主题征文比赛，旨在通过对经典文学的学习，树立正确的世界观、人生观、价值观。

活动主题：读经典文学，圆青春梦想

征文时间：3月20日前进行宣传，4月20日截稿，5月初公布获奖情况。

主办单位：广西师范大学漓江学院图书馆

协办单位：广西师范大学漓江学院弘毅读书社

参与对象：全院师生

参赛作品要求：

（1）围绕主题自拟题目。参赛作品为读者对某本（部）书读书的心得和感悟，结合自己的经历抒发自己的真情实感。

（2）文章内容积极健康。要求文笔流畅，脉络清晰，富有真情实感。作品需要保证原创，如有抄袭或有其他侵权行为，则取消评比资格。

（3）字数要求：1500字左右。

（4）手写稿与电子稿都要上交。

电子版格式要求：标题，宋体，三号，居中；正文，宋体，小四号，首行缩进2字符，1.5倍行距。电子版在文章末须标明院系、年级专业、姓名和手机号码。

手写稿要求：用格子稿纸书写征文，并配有封面和封底，封面右下角注明院系、年级专业、姓名。

投稿方式：

电子版：发送到ljxytsgwx@126.com，邮件主题请注明："经典文学"征文比赛，稿件须为word格式，以附件形式发送。

手写稿：请将稿件递交至108图书馆阅读推广和创新服务办公室。

奖项设置：图书馆将邀请专业教师组成评选委员会，在参赛作品中评选出一等奖（1名）、二等奖（2名）、三等奖（3名）、优秀奖（10名）。优秀稿件将在图书馆宣传栏展出，并推荐到图书馆主页和微信平台。

读书月系列活动之经典美文诵读比赛

活动目的及意义：为丰富我校学生的课余生活，营造良好的校园阅读氛围，培养学生良好的阅读习惯和高尚的道德情操，图书馆将举办经典美文诵读比赛。通过朗诵比赛的活动，传播中华传统优秀文化，展现大学生的时代风采，提高大学生的文学素养。

活动时间：初赛4月25日19：00（暂定）；决赛5月9日19：00（暂定）

活动地点：至善讲堂（暂定）

活动主题：诵读中华经典，弘扬优秀文化

主办单位：广西师范大学漓江学院图书馆

协办单位：广西师范大学漓江学院弘毅读书社

参赛要求：

（1）诵读题材以中华经典美文为主，体裁不限，自选篇目，内容要兼具思想性、文化性、艺术性，积极向上，弘扬中华优秀传统文化；

（2）比赛可采取单人或团队组合诵读的形式。

（3）诵读时长3—5分钟。

（4）如有配乐或PPT，自带mp3或u盘。

（5）请自行到图书馆网页下载活动报名表，4月20日前将报名表发送到ljxytsgwx@126.com，邮件主题请注明："诵读比赛报名"，文件须为word格式，以附件形式发送。

评分细则：

项目	标准	分数
朗诵内容	题材不限，内容健康向上；寓意深刻，富有感召力和警世作用。	2分
语言表达	语言规范，朗诵流畅、自然；语言得当，语速恰当。	2分
仪表形象	精神饱满，能较好地运用姿态、动作、手势、表情，表达对朗诵篇目的理解。	2分
综合印象	端庄大方，举止自然得体，富有艺术感染力。	2分
会场效果	具有较强的感染力、吸引力和号召力，演讲时间控制在3—5分钟之内。	2分

奖项设置：一等奖1名，二等奖2名，三等奖3名，优秀奖10名。

第五届阅读空间大型阅读活动

活动目的及意义：阅读使人增长才智，在新媒体的快速发展之下，纸质图书的阅读正在逐渐被忽视，在世界读书日到来之际，为了给广大师生提供一次潜心朗读的机会，图书馆特别组织开展第五届【阅读空间】活动，通过纯净专注的阅读，鼓励师生读者多读书、读好书。

活动内容：阅读马拉松+24小时邮局

活动时间：5月11日全天

活动地点：多功能阅览室

参与对象：全院师生

活动要求：

（1）参赛者在入场前将手机等通信设备交由工作人员密封，并自行保管；

（2）参赛者完成3个小时的不间断阅读（中途不能打开手机等通信设备）即算通过挑战，获得纪念证书。

主办单位：广西师范大学漓江学院图书馆

协办单位：广西师范大学漓江学院弘毅读书社

读书月电子资源线下推广活动

活动目的：为了进一步提高学生的信息检索技能，提高自主学习能力，图书馆与超星集团在读书月期间将联合举办电子资源线下推广活动。本次活动旨在活跃校园学术氛围，提高我校广大学生对图书馆信息资源的检索、利用能力，提高学生现代信息环境下的信息检索能力和学习能力，从而达到全面强化学生信息素质的目的。

活动内容：宣传推广超星移动图书馆、歌德电子借阅机、读秀学术搜索、超星电子书、超星视频电子资源产品。

活动对象：全校师生

主办单位：广西师范大学漓江学院

承办单位：超星集团

活动时间：待定

活动地点：待定

活动流程：

（1）扫书：下载移动图书馆App，在歌德电子借阅机上面扫取任意一本书；

（2）兑奖：扫取成功后可通过现场抽奖的方式领取小礼品一份。

礼品设置：

推广产品	活动礼品
超星移动图书馆+歌德机	雨伞、便携式手持小风扇、眼罩、免洗小白鞋鞋擦、卡套、手机支架、帆布收纳袋……

第十届书香漓院读书月系列活动颁奖仪式

活动目的及意义：感谢广大师生对读书月活动的关注、支持和参与，同时通过介绍本次读书月活动的成果，体现我院师生对阅读的高度关注，也展现出我院大学生的才华与精神风貌，对促进全院阅读具有启发性意义。

活动时间：5月24日15：00—16：30

活动地点：多功能阅览室报告厅

主办单位：广西师范大学漓江学院图书馆

协办单位：广西师范大学漓江学院弘毅读书社

活动流程：

1. 主持人开场，介绍到场嘉宾。
2. 主持人介绍"阅读达人"系列活动的开展情况。
3. 有请图书馆办公室秘书宣布"阅读达人"系列活动各项获奖结果。
4. 邀请获奖学生代表发表获奖感言。
5. 有请领导对"阅读达人"系列活动进行总结发言。
6. 现场颁发奖品。
7. 活动结束，全体合影。

文化传承活动——剪纸

剪出中国字，弘扬经典文化，献礼漓院校庆。

"一分为四便是田""太阳出了地平线便是旦"，每一个字背后，都是一段可以追忆千年的美丽传说。所看即所见，这大概就是中国象形文字决胜于其他文字的魅力，世上没有一种语言，能像汉语这样美丽动人。

活动的意义：充分发挥传统文化的思想引导价值；营造美好书香校园，促进传统文化宣传；献礼我院校庆。

活动内容：指定文字（以"大美漓院，我爱母校"为例）+校庆主题的剪画作；字体不限，用彩纸剪出不同的文字。（尺寸要求再议）

活动宣传：在图书馆馆区做海报宣传；在图书馆办公平台网络上宣传；各系辅导员通知活动。

投稿方式：请将作品提交至108办公室

活动时间：截止日5月15日

主办单位：广西师范大学漓江学院图书馆

协办单位：广西师范大学漓江学院弘毅读书社

"超星"专场电子资源大型培训

活动时间：3月8日19：00—20：30

活动地点：多功能阅览室报告厅

培训主题：超星电子资源利用

培训主讲：超星讲师

参与对象：全院师生

主办单位：广西师范大学漓江学院图书馆

协办单位：广西师范大学漓江学院弘毅读书社

活动流程：

1. 由主持人介绍嘉宾与主讲人。

2. 资源讲座。

3. 学生互动环节。

4. 嘉宾抽奖环节。

5. 活动结束，工作人员合影。

维普知识服务系统电子资源培训

培训主题：维普知识服务系统（针对英语四六级）使用培训

培训主讲：维普培训师

活动时间：2019年4月

活动地点：多功能阅览室报告厅

参与对象：全院师生

主办单位：广西师范大学漓江学院图书馆

协办单位：广西师范大学漓江学院弘毅读书社

活动流程：

1. 由主持人介绍嘉宾与主讲人。

2. 资源讲座。

3. 学生互动环节。

4. 嘉宾抽奖环节。

5. 活动结束，工作人员合影。

中国知网（CNKI）电子资源培训

培训主题：文献检索与利用——以CNKI为例

培训主讲：知网培训师

活动时间：2019年5月

活动地点：多功能阅览室报告厅

参与对象：全院师生（建议大二、大三学生参加）

主办单位：广西师范大学漓江学院图书馆

协办单位：广西师范大学漓江学院弘毅读书社

活动流程：

1. 由主持人介绍嘉宾与主讲人。

2. 资源讲座。

3. 学生互动环节。

4. 嘉宾抽奖环节。

5. 活动结束，工作人员合影。

纪念五四运动100周年图片文化展

活动意义：为纪念五四运动100周年，弘扬全校师生"爱国、进步、民主、科学"的五四精神，我校图书馆特开展纪念五四运动100周年图片文化展，通过历史照片再现"五四运动"场景，让同学们直观生动地学习历史文化，激发青年学生投身青春事业，为中华民族的崛起而不懈奋斗。

活动主题：纪念五四运动，弘扬五四精神

展览内容：五四运动历史知识、五四运动代表人物、其他相关知识等

主办单位：广西师范大学漓江学院图书馆

协办单位：广西师范大学漓江学院弘毅读书社

大国泱泱，傲我中华·新中国成立70周年专题图文展览

活动时间：拟定10月中旬

活动主题：用图片唤醒记忆，从书中感知力量

活动意义：本次图文展览主要以中华人民共和国成立70周年为主题，通过生动的图文展示，充分展示我国欣欣向荣、团结一致、奋发向上的精神风貌，从而引导师生特别是年轻一代的同学们进一步坚定理想信念，继承并发扬我国的优良传统，为祖国的振兴、强大做出应有的贡献。

活动内容：

1．新中国成立70周年相应的图片展览。

2．与新中国成立有关的专题书展。

活动宣传：

1．在图书馆馆区做海报宣传。

2．在图书馆办公平台网络上宣传。

3．联系各系辅导员，通知学生。

后期整理：

1．负责活动记录的整理，归档与后期成果展示；

2．负责新闻稿件的撰写与发布。

"我和我的祖国"·新中国成立70周年主题演讲活动

活动意义：为庆祝中华人民共和国成立70周年，深入弘扬爱国主义精神，讴歌辉煌历史，培养民族精神，引导大学生坚定四个自信，树立正确的人生观、价值观，激发广大青年的爱国情、强国志、报国行，在新中国成立70周年之际，图书馆特举办"我和我的祖国"读书演讲风采展示活动，倡导广大学生多读书、读好书，以优异成绩向新中国70华诞献礼。

活动主题：我和我的祖国

活动对象：全校学生

主办单位：广西师范大学漓江学院图书馆

协办单位：广西师范大学漓江学院弘毅读书社

奖项设置：一等奖1名，二等奖2名，三等奖3名，优秀奖若干

活动流程、时间、地点：

1. 宣传、报名时间：9月15日—9月19日；报名地点：图书馆弘毅书社
2. 初赛时间：9月25日；比赛地点：图书馆三楼报告厅
3. 决赛时间：9月30日；比赛地点：独秀书房·漓院店（暂定）

参赛要求：

1. 演讲作品要求：原创作品，体裁不限、主题鲜明、观点新颖、文字简洁，具有较强的创新性、欣赏性和时代性，有一定的理论高度，能反映当代大学生积极向上的精神风貌和爱国热情；
2. 表达形式新颖多样，有独创性，选手可以围绕主题畅谈自己的所见所闻，也可以根据个人思想，抒发自己的感想；
3. 必须脱稿演讲，演讲过程中要求选手语言流畅、演讲技巧娴熟，具有较强的感染力。
4. 若有配乐或PPT，请自带U盘，提前拷贝。
5. 时间限制：每位选手的演讲时间限时3—5分钟。

奖项设置：一等奖1名，二等奖2名，三等奖3名，优秀奖若干。

我的大学，我的图书馆·新生入馆参观活动

活动意义：为了让新生更加直观地了解图书馆的资源和服务，提高新生使用图书馆的效率，图书馆将面向新生开展现场参观活动，让更多新生有机会走进图书馆，了解图书馆，从而爱上图书馆、使用图书馆。

活动主题：新生入馆参观，了解大学，了解图书馆

活动时间：拟定10月（每周五下午）

活动内容：

1. 拟定十月的每个周五为新生入馆参观学习日，由阅读推广或读者服务部老师带领新生认识图书馆。
2. 了解书籍分布
3. 认识图书馆的组织架构

活动宣传：

1. 在图书馆馆区做海报宣传。
2. 在图书馆办公平台网络上宣传。
3. 联系各系辅导员，通知学生。

后期整理：

1. 负责活动记录的整理，归档与后期成果展示；
2. 负责新闻稿件的撰写与发布。

"真情演绎，声动漓院"电影配音大赛

活动目的：语言模仿对语言学习有着巩固基础与运用提高的效果，而配音兼趣味性、学习性于一体，能激发语言学习者的兴趣，促进学习效果的提高。作为青春的代言人，大学生总洋溢着年轻的活动、充满着狂热的激情，对新奇刺激的大型活动必定会踊跃参与，全心投入。

为了激发大学生对语言文化学习的热情，更好地展现当代大学生的多才多艺，丰富课余文化生活，图书馆特别开展此次电影配音大赛，为广大学生搭建一个交流的平台。

活动主题：真情演绎，声动漓院

活动时间：10—11月

活动地点：图书馆三楼报告厅（初赛），决赛待定

参赛对象：全校学生

参赛须知：

1. 报名分为个人报名和组合报名，组合报名由一人报名即可。
2. 作品时长在5—10分钟，主题不限，内容积极向上即可。配音作品要求去掉视频原声，仅保留自己的配音片段，需同时提交原视频片段和自己的配音作品。
3. 鼓励形式多样的影视作品，对台词进行二次创作等多种创新形式更会让人眼前一亮哦！
4. 推荐选材：（待更新）

喜剧类：《大话西游》《夏洛特烦恼》《羞羞的铁拳》《唐伯虎点秋香》、《炊事班的故事》

战争类：《亮剑》《士兵突击》《建国大业》《战狼2》《红海行动》

爱情类：《泰坦尼克号》《星语心愿》《春娇与志明》《爱情公寓》《一起来看流星雨》

古装类：《武林外传》《还珠格格》《仙剑奇侠传》《甄嬛传》《神雕侠侣》

动画类：《小猪佩奇》《海绵宝宝》《麦兜》《蜡笔小新》《大耳朵图图》

评分标准：（共10分，每项各2分）

主题阐释：选手能够探索、理解电影的深层含义、主旨，从而通过所选择的片段，向评委、观众展现整部电影的主题思想。

语音语调：音准、节奏、综合配音效果好，声音清晰、表达流利。

情感表现：选手能够使自己真正融入电影当中，抒发自己的真情实感，让评委、观众重现电影情景。

情景同步：配音与影片吻合，发声与电影人物口型相符。团队成员配合默契，衔接流畅。

创新升华：在比赛中加入自己的元素，例如动作，表情，甚至在电影配乐中加入自己的旁白等。

奖项设置：一等奖1名，二等奖2名，三等奖3名，优秀奖（10名），参与奖若干。

与电子资源亲密接触·超星电子资源线上竞赛答题等你加入

活动意义：为了进一步提高学生的电子资源检索技能，提高自主学习能力，图书馆与超星集团将联合举办电子资源答题竞赛活动。本次活动旨在活跃校园学术氛围，提高我校广大学生对图书馆信息资源的检索、利用能力，提高学生在现代信息环境下的信息检索能力和学习能力，从而达到全面强化学生信息素质的目的。

活动主题：超星数据库电子资源、读秀学术快报等电子资源相关的使用，线上答题夺奖。

活动形式：学习通线上答题，题型分为：单选、多选和判断。

活动时间：拟定10月上旬

活动流程：

1. 平台准备：确定答题内容后，由超星将答题的内容建成一个课程，学生可通过扫描课程二维码或者是输入课程的邀请码进入答题模块。（学生务必先下载学习通）

2. 宣传推广：线下易拉宝、海报、宣传单；线上微信等宣传推广。

3. 在线答题环节：用户下载学习通，加入答题课程，自主进行在线答题。

4. 数据统计：活动结束后，超星会导出详细活动数据提供给主办方，主办方可根据答题分数给学生礼品。

参与对象：全校师生

主办单位：广西师范大学漓江学院图书馆

承办单位：超星集团

四、2020年阅读推广活动实践

（一）积极推进各类线上活动

有序开展各类型线上活动，内容涵盖图像设计、征文、诵读、演讲、知识竞赛等多种方式，通过线上参与引导学生开展阅读活动。活动包括"以读攻毒/14天阅读打卡""MET全民英语口语网络竞赛""声采飞扬"青少年英语口语风采展示活动、"学问杯"影评大赛、"勇往职前·大学生就业技能与知识竞赛"等13场线上活动，共计1600余人积极参与。其中，在"声采飞扬"青少年英语口语风采展示活动中晋级5人，占总晋级名额的1/10，获"勤学之星"奖项5人；第二届大学生"悦读之星"读书演讲风采展示活动中有一名学生获得铜星奖。

（二）完成新生入馆教育

积极开展多种形式、面向新生的各类型活动。我们联合了语言文学学院、教育与音乐学院以及理工学院等多部门共同组织了今年的入馆教育参观，分55场次共计750余名新生完成了入馆学习；

考虑到新生校园安全，阅读推广部联合广西师范大学出版社集团大学书店邀请到桂林嘉合律师事务所的粟江波律师到我校为新生开展了一场非法"校园贷"与网络诈骗普法讲座，750余名学生到场聆听。

（三）多种形式线下活动，增加与学生互动性

为了在游戏中完成对图书馆资源的使用学习，我们举办了"寻找'图书保障'任务卡"活动，在游戏中熟悉了馆藏分布，不知不觉学会了如何快速找书，约有370人参与活动；决胜全面小康，践行科技为民——阅读助力圆梦，"三下乡"约有53人参与活动，各类线下活动参与人数约为1900人。阅读推广各类活动参与积极性明显增加，这也体现出活动开展形式对学生参与活动非常重要。本年度工作中，各类推广活动的创新性是我们的重点工作之一。

2020年度阅读推广活动明细表

活动	组织单位	开展情况	备注
"声采飞扬"青少年英语口语风采展示活动	中国图书馆学会，漓江学院图书馆	参加人数128人，晋级人数5人，占广西总晋级名额的十分之一。获"勤学之星"奖项5人	
"学问杯"影评大赛	广西高教学会图书馆专业委员会，广西高校图书情报工作指导委员会，漓江学院图书馆	参加人数64人，获优秀奖6人	
"勇往职前·大学生就业技能与知识竞赛"	广西高教学会图书馆专业委员会，广西高校图书情报工作指导委员会，漓江学院图书馆	参加人数51人	

活动	组织单位	开展情况	备注
第二届全国"图书馆杯"主题图像创意设计征集活动	中国图书馆学会，漓江学院图书馆	参加人数26人	
第二届大学生"悦读之星"读书演讲风采展示活动	中国图书馆学会，漓江学院图书馆	获铜星奖1人	
第二届大学生中华经典美文诵读活动	中国图书馆学会阅读推广委员会，漓江学院图书馆	参加全国决赛作品3个	
超星听见你的声音诵读比赛	漓江学院图书馆	获奖人数12人	
新生入馆参观	漓江学院图书馆	参加人数700多人	线下活动
寻找"图书保障"任务卡	漓江学院图书馆	参加人数370多人	
非法"校园贷"与网络诈骗普法讲座	广西师范大学出版社大学书店，漓江学院图书馆	共计750多名师生聆听	
图书馆资源使用指导	漓江学院图书馆	参加人数750多人	
决胜全面小康，践行科技为民——阅读助力圆梦，"三下乡"	漓江学院图书馆	参加人数53人	
"小题大做——本科生论文写作专题讲座"	漓江学院图书馆	参加人数180人	

超星杯"书脸秀"摄影大赛

活动内容："书脸秀"活动让读者关注书籍内容的同时，能够欣赏书籍封皮的魅力，走近书籍，与书香为伴。"书脸秀"活动的形式以线上为主，活动过程中，读者首先自主挑选一本封面带有部分人体的图片，让自己的身体和封面人体通过视觉错位吻合，然后拍摄照片并上传至超星学习通App活动作品展示区，最终通过读者投票及专家评定选出优秀作品发放优秀证书和奖品，并进行作品展示。

活动时间：活动报名时间与作品征集时间：2020年10月初

作品展示和评选阶段：2020年10月中旬

获奖作品结果公布：2020年10月中旬

人大复印报刊资料数据库答题评选活动

题目设置：人大复印报刊资料数据库相关选择题，16道单选题，4道多选题，总计20道，总分100分。

答题形式：答题不限时间，以第一次提交所得分数为评选依据。

评选机制：评选按照得分+时间为依据，得分相同者时间少的排名优先。

最终评选出一等奖3名，二等奖5名，三等奖15名。

活动时间：2020年10月下旬

备注：其他数据商尚未给出明确方案，需开学后再商定。

国庆主题征文

活动安排：拟定国庆相关主题，面相全校学生进行征集。

投稿时间：9月21日—9月30日

实施步骤：

第一阶段为宣传、发动、学生阅读、写征文时间。征文文体不限，字数在1500字左右。

第二阶段为提交纸质版征文时间。

第三阶段为评选时间：图书馆老师负责初评，将进入复评的征文给语言文学学院老师（拟定）进行评审，最终评选出获奖学生。

"弘扬科学精神　共抒爱国情怀"科普演讲比赛

活动内容：演讲者自行准备诵读文稿、配音或PPT，分享自己积极投身科技创新实践的心得。

活动安排：比赛围绕全国科普日（2020年9月19-20日）活动主题，通过演讲分享自己积极投身科技创新实践的心得，弘扬科学精神，共抒爱国情怀，在全社会营造学科学、爱科学、用科学的浓厚氛围，促进全民科学素质提升。

活动时间：9月底—10月初

"脱贫攻坚"年身边事主题诵读赛

活动内容：诵读者自行准备诵读文稿、配音及PPT，以"脱贫攻坚战"典型事例、展现奋斗足迹报道，讴歌"脱贫攻坚战"身边各级干部、群众、驻村工作队（第一书记）在精准扶贫、精准脱贫工作的真实感人故事为主题的原创文章。

活动时间：2020年10月

寻找"图书宝藏"活动

活动安排：

1. 自由组合6人一组，推送组长一名，报到组织老师处；
2. 组长负责领取寻宝任务卡，并填写全组成员姓名；
3. 组长带领组员，跟随老师和弘毅书社会员到图书馆门口签到，领取寻宝任务卡；
4. 组长分配任务，分头寻找图书。建议利用微信公众号或检索机查询书目，有任何问题可以先图书馆老师或弘毅书社会员咨询求助；

活动流程：

1. 借一本书，由组长领取寻宝书单，根据小组人数寻找出相应数量的图书并完成借书步骤，每人至少一册接到个人图书馆账户上。

2. 图书馆印象，全组成员在本学科专业资源书架区任意一角，拍小组照，并精选一张照片原图发送至2020级图书馆活动群，通过群相册发送即可

3. 任务结束，组长携寻宝卡、所借图书、拍摄并发送照片的手机前往图书馆C馆区门口或图书馆阅读推广和创新服务部108办公室验证任务完成。

活动时间：2020年11月

普法讲坛

活动流程：

1. 主持人介绍律法专家、特邀嘉宾及律法专家背景。
2. 律法专家结合近年来各高校"校园贷"、刷单返利、推送投资理财、亲朋好友要求微信及QQ转账、冒充公检法部门要求汇款或转账、客服联系主动退款等的真实案例，详细解析了什么是"校园贷"、电信网络诈骗、正规贷款与不良校园贷的区别，深刻剖析了"校园贷"、电信网络诈骗的运作模式。
3. 读者与律法专家互动环节。
4. 推介扫黑除恶相关知识书籍，总结活动。

"校园贷"解析及预防

活动时间：9月上旬（以新生为主要面向人群，所以时间以新生报到时间为准）

主讲人：律法专家（具体人员待定）

特邀嘉宾：

大学书店负责人、学生事务部负责人、部分二级学院分团委书记、后勤保卫处负责人、图书馆负责人

参与对象：在校师生（侧重2020级新生）

活动人数：100人

活动时长：1小时

报名渠道：第二课堂"到梦空间"

活动地点：图书馆三楼/至善讲堂

得体校园妆容你了解吗

活动时长：60分钟以内

活动时间：9月下旬

活动对象：大三、大四学生

活动人数：40人以内

活动内容：

1. 介绍主讲人背景。

2. 讲座开始。

3. 通过视频介绍职业妆容。

4. 由白杉老师现场找几名有兴趣的同学进行皮肤测试，针对你的皮肤特质，演示怎样化妆。

5. 提问交流环节。（例：眼线及眼影到底应该怎样化画；淡妆需要准备什么化妆品；初学化妆，应该买什么样的化妆品；等等）

6. 由化妆的细节延伸至不同场合的穿搭问题，由此展开讨论。

7. 活动结束，如果有学生想要进一步演示则进行第二轮化妆。

8. 活动总结。

主讲人：白彬

特邀嘉宾：待定

报名渠道：第二课堂"到梦空间"

活动地点：图书馆三楼报告厅/独秀书房漓院店

读书沙龙——最是书香能致远，青年读书正当时

活动流程：

1. 主持人介绍著名文化学者、特邀嘉宾及著名文化学者背景。

2. 文化学者与大家分享自己的得意作品，诵读作品节选，剖析作品特色理念，论述主题内涵。

3. 读者与文化学者互动环节。

4. 总结活动

活动主题："阅读 交流 共享"读书沙龙

活动时间：10月初

主讲人：著名文化学者（具体人员待定）

特邀嘉宾：

大学书店负责人、部分二级学院分团委书记、图书馆部分老师

参与对象：在校师生

活动人数：150人

活动时长：1小时

报名渠道：第二课堂"到梦空间"

活动地点：图书馆三楼/至善讲堂

五、2021年阅读推广活动实践

本年度，阅读推广活动围绕庆祝中国共产党成立100周年党史学习教育主题，同时推进"我为群众办实事"走深走实，兼顾4·23世界读书日、学校读书月、"五四"青年节、广西三月三桂学文化、毕业季、开学季、新生入馆教育、国庆节等时间节点开展"红色精神薪火传 党史知识百问百答"知识竞答、党史学习教育与青年学生的历史使命导读等阅读推广活动30余场次，不断推进阅读推广活动规范化，规整2021年度阅读推广活动材料归档工作。阅读推广部根据上年筹备评估材料工作要求，本年度活动档案以一活动一文件夹存档，归档资料包括活动方案、获奖名单、签领单、活动登记表、新闻稿截图等，共归档活动材料31项。

同时主动走访学院，加强活动宣传。结合学校"我为群众办实事"工作要求，到各二级学院走访调研，了解二级学院课程教学安排，结合课程联合开展相关阅读推广活动，邀请课程教师做赛事类专业评审，增强活动宣传力度，提高活动参与度。例如庆祝中国共产党成立100周年党史学习教育期间，5月至6月联合党政事务部开展主题为"品读红色经典 汲取奋进力量"党史知识竞答，参与人数1791人；2021年网络安全宣传周，10月至

11月联合实验信息中心、学生事务部开展主题为"网络安全为人民，网络安全靠人民"的网络安全教育知识竞赛活动，参赛人数2313人；阅读推广活动有效嵌入党政事务部、学生事务部、实验信息中心工作需求，更好地在广大师生中开展庆祝中国共产党成立100周年教育学习、网络安全宣传，通过网络答题方式学习党史知识、普及网络安全知识。9月至11月联合语言文学学院、传媒学院开展主题"颂党恩、兴中华、筑梦想"第三届广西高校图书馆朗诵大赛，参赛人数800余人，提交545个作品，是广西高校参赛人数最多的民办高校，图书馆连续三年获得优秀组织单位奖，优秀领队奖，优秀指导老师奖。以活动为推手积极融入二级学院教育教学工作，共同提升学生的综合素质和能力。这一年线上线下共同推荐红色系列党史学习学习专题书目推荐8期300余册。以致力提高图书馆阅读推广服务水平，不断探索和创新服务模式，更好地服务读者为宗旨的各类活动共计9200余人参与；纳入第二课堂活动11项，获取第二课堂学分/学时2110人次。

2021年度阅读推广活动明细表

活动	组织单位	开展情况	备注
毕业季捐书活动	图书馆	100人	线上活动
毕业论文写作图书展	图书馆	100余人	
桂学文化图书推荐广西三月三印象	图书馆	200余人	
庆祝中国共产党成立100周年学习教育及主题图书展	图书馆	300余人	
庆祝中国共产党成立100周年：《继往开来——从党的代表大会看党的发展》	图书馆	全校师生	
党史知识百问百答知识竞答活动	图书馆	600人	
党史知识网上竞答	图书馆、党政事务部	1791人	线上活动
第三届广西高校图书馆"学问杯"影评大赛	图书馆	49人	
第三届广西高校图书馆朗读大赛	图书馆、学生事务部	600多人	
网络安全知识竞赛	图书馆、学生事务部信息中心	2300余人	
新生入馆教育	图书馆、语言文学学院	650人	
寒假京东阅读	图书馆	1160人	

活动	组织单位	开展情况	备注
党史学习教育与青年学生的历史使命	图书馆	160人	线下活动
中国花鸟赏析	图书馆	160人	
中华传统吟诵与古诗词创作分享	图书馆	180人	
广西著名作家李约热来我校举行阅读分享会	图书馆	180人	
如何提升对绘画作品的感受力	图书馆	160人	
学党史话青春	图书馆	180人	
中国花鸟赏析	图书馆	180人	
走进湘江战役 赓续红色血脉	图书馆	180人	

百年征途·图书馆联合超星开展党史知识百问百答有奖竞答活动

为庆祝中国共产党成立100周年，重温中国共产党光荣历史，进一步激发社会公众爱党爱国的热情，坚定共产主义理想信念，引导广大党员干部和群众学习党史，弘扬优良革命传统，传承红色基因，牢记初心使命，以更加饱满的热情、更加昂扬的斗志、更加务实的作风投入到各项工作中，特此举办中国共产党成立100周年知识竞赛活动。

活动负责人：韦恩洁

活动主题：红色精神薪火传党史知识百问百答

活动时间：2021年4月23日—5月23日。

活动对象：全校师生

活动内容：点击进入活动首页后可自行学习党史知识，然后再进行答题，党史知识共计200道选择题，师生均可参与此次竞答活动。

"赠人以书，书香永存"图书漂流活动策划方案

活动背景：图书漂流，起源于20世纪六七十年代的欧洲，读书人将自己读完的书贴上特定的标签后，随意放在公共场所，捡获这本书的人可取走阅读，读完后再将其放会公共场所，再将其转让出手，让下一位爱书

人阅读，继续一段漂流书香。用这种共享方式，让"知识因传播而变得美丽"。书籍是人类心灵的润滑剂，图书馆倡议广大师生多读书，读好书，交流读书心得。为此图书馆决定举办这次图书漂流活动，让同学们交流好书，交流读书心得，提高文学素养，为良好的学风校风建设做出贡献。

活动的目的及意义：以图书漂流为媒介让阅读成为一种习惯，发挥图书的最大价值，让学生养成交流读书的好习惯，激发同学们的阅读兴趣，以书交友，以书会友，加强同学间的文化交流，促进大学校园文化建设。

活动主题：赠人以书，书香永存

活动时间：2021年6月20日—6月26日

活动地点：图书馆A馆区、图书馆108办公室阅读推广部

活动对象：全体在校师生

主办单位：广西师范大学漓江学院图书馆

承办单位：广西师范大学漓江学院二级学院学生党支部

广西师范大学漓江学院二级学院团总支

活动流程：

1. 活动前期流程

（1）阅读推广部撰写好策划案，上交审批。

（2）策划案审批成功后进行宣传活动，并制作宣传海报。

（3）分配好设点摊位工作人员。

2. 活动期间

（1）活动期间将在乐善食堂前置摊位点，同学们可携带书籍前往参加活动。

（2）参与本次活动的社干及社员穿上社服，志愿者挂牌，摊点的桌椅及布置由全体社干负责。社长、副社长负责安排本次书籍捐赠情况记录，负责本次活动拍照记录。（本次活动对象主要针对大四毕业生；全体在校生都可以参加本次活动。）

3. 活动后期

（1）志愿者参与书籍整理、分类放置，并拿到图书馆A馆区图书漂流处。

（2）弘毅读书社收集上传活动照片。

（3）阅读推广部进行后期宣传报道，加大活动宣传力度。

捐赠具体内容：

1．捐赠方式

（1）设点捐赠

时间：6月21日17：00—18：30地点：乐善食堂前摊点

时间：6月25日17：00—18：30地点：乐善食堂前摊点

（2）到馆捐赠

时间：6月20日至6月26日周一至周五上午8：30-12：00到下午14：00-16：50

2．地点：图书馆108室阅读推广部

党史学习教育与青年学生的历史使命活动

活动背景：1921年7月，伟大的中国共产党诞生了，中国历史从此掀开了新的篇章。中国共产党百年的历史，是为中华民族的独立解放、繁荣富强不懈奋斗的历史，是为中国人民的自由、民主、幸福而不懈奋斗的历史。历史证明：没有中国共产党就没有新中国，没有中国共产党的领导就没有中国革命、建设、改革的伟大事业。2021年7月，中国共产党将迎来百岁华诞，为热烈庆祝建党100周年，歌颂党的丰功伟绩和在改革开放中取得的伟大成就，讲好党的故事，开启全面建设社会主义现代化国家新征程，为实现中华民族伟大复兴的中国梦，我们特地举办本期专题导读。

活动意义：中国共产党成立100周年与青年使命专题导读，有助于帮助青年学生进一步认识中国共产党诞生的社会条件；有助于帮助青年学生进一步了解中国共产党为实现民族独立国家富强所进行的艰苦奋斗付出的巨大牺牲；有助于帮助青年学生进一步理解中国共产党带领全国各族人民创造一个又一个伟大的人间奇迹，实现了中华民族从站起来到富起来再到强起来的伟大飞跃；有助于帮助青年学生进一步为实现中国特色社会主义现代化强国而树立崇高理想坚定伟大信念。

活动内容：讲述中国共产党诞生的必然性，中国共产党领导中国革命、建设和改革的历程，讲述中华民族是如何实现由站起来到富起来再到强起来的历程，讲述中国共产党的青年党员在党的100年历程中的杰出代表。

活动负责人：韦恩洁

活动场次：2场

活动时长：320分钟

活动地点：至善讲堂

活动对象：全体师生

活动报名方式：第二课堂"到梦空间"

活动主讲：马克思主义学院潘济华

主办单位：漓江学院图书馆 漓江学院马克思主义学院

协办单位：漓江学院弘毅读书社

关于举办第三届广西高校图书馆"学问杯"影评大赛活动

为隆重庆祝中国共产党成立100周年，回顾党的光辉历程，讴歌党的丰功伟绩，推进全民阅读工作的开展和书香校园的建设，将图书馆优质资源惠及读者，让师生一起重温经典红色影视作品，传承红色基因，弘扬革命文化，广西高教学会图书馆专业委员会、广西高校图书情报工作指导委员会联合主办主题为"观影知史爱党，传承红色基因"2021年广西高校图书馆"学问杯"影评大赛。现将有关事项通知如下：

1. 活动主题

观影知史爱党，传承红色基因

2. 组织机构及方式

主办单位：广西高教学会图书馆专业委员会、广西高校图书情报工作指导委员会

承办单位：广西大学图书馆、其他高校图书馆

协办单位：广州红霖信息科技有限公司

组织单位：广西高教学会图书馆专业委员会、读者服务创新与推广工

作委员会、广西高校图书情报工作指导委员会、读者服务创新与推广工作组、各高校图书馆

3. 面向对象

广西壮族自治区高等院校正式注册的在校学生均可参加，每个参赛者限交参赛作品一篇。

4. 奖项设置

本次大赛在决赛作品中评选特、一、二、三等奖以及优秀奖，并设单位组织奖：最佳组织奖、优秀组织奖。

5. 评审方式

初评：各高校图书馆

终评：专家委员会

漓江学院图书馆2021年电子资源宣传日

1. 宣传日活动宗旨

为推广和促进学校购买的电子资源、电子资源平台及相关App在师生中的普及和应用，了解广大师生对数字学习资源的需求，提高各类电子资源的利用率，使数字学习资源能更好地为学校的教育教学服务，特开展电子资源宣传日活动。

2. 宣传日活动任务

（1）各数据库厂商来学校开展有针对性的、面向在校师生的线下宣传活动。

（2）要着重于公司产品的特点、功能、应用场景、能给学生提供什么样的学习帮助、在高校范围内的应用情况等开展宣传。

（3）听取读者对产品的意见，现场解答读者提出的与产品使用有关的问题。

（4）与读者开展现场互动，加深读者对产品的了解和认识。

（5）真实了解产品在漓江学院的使用情况，并在宣传日活动后开展必要的培训。

3. 宣传日活动方式

各数据库厂商自带宣传材料和宣传品到漓江学院校园开展宣传和讲解。宣传日结束后各类展品及宣传材料由图书馆继续陈列和发放。

4. 宣传日活动开展时间

2021年6月17日（星期四9：00—14：30）

5. 宣传日活动地点

漓江学院乐善食堂小广场（在食堂和学生公寓楼之间）

"读经典，悦青春"——京东读书寒假阅读活动

注：本次活动纳入第二课堂成绩单，开学以后办理第二课堂补录流程

活动背景：寒假即将来到，为鼓励同学们假期也继续阅读，丰富假期精神文化生活，图书馆特联合京东读书发起一场"读经典，悦青春"的主题阅读活动，以帮助我校师生通过京东读书校园版App享受读书的乐趣，彰显当代大学生积极向上的青春风采，丰富校园文化生活，创建书香校园。

活动意义：为了在寒假闭馆期间为我校师生提供电子书畅读服务，图书馆与京东读书合作的电子书阅览室，拥有20多万种正版数字图书资源，涉及哲学、经济学、法学、文学、历史学、医学、管理学、艺术、工业科技等十多个学科，满足各种阅读需求，新书更新速度快，每周有新书上线，年更新量3—5万种。支持多设备同时畅读，阅读记录可在手机、电纸书阅读器、电脑、平板等终端同步；本校师生阅读圈，线上线下畅聊读书心得，阅读交友两不误；校内校外都可阅读，不受IP限制，让我校师生随时随地享受精致的阅读体验。

活动主题："读经典，悦青春"

活动对象：广西师范大学漓江学院下载并使用京东读书校园版的师生

主办单位：广西师范大学漓江学院图书馆

协办单位：京东集团数字阅读部、北京汇云博图科技有限公司

活动时间：2021年1月16日—2020年2月25日；统一颁奖时间：2021年4月23日

评选方式：

1. 读者通过京东读书校园版App任意看书或听书，并撰写书评。1月16日零点开始统计读者有效阅读时长，至2月25日零点结束统计。

本次活动纳入第二课堂成绩单要求：累计阅读时长大于8小时，且书评数量不少于2条，为有效参与活动，方可获得第二课堂学分/学时。

2. 最后按阅读时长排名评选前15%的有效阅读者获奖。

3. 书评撰写方法：在App上读完一本书可以直接写评论。

如何提升对绘画作品的感受力策划

活动背景：美和审美的形象性特征，决定着美育首先是一种形象的教育。美育通过美的事物的形象去实现教育目的，凭借生动具体的形象，带有感情色彩地揭示事物的审美特征和规律，从而使受教育者的审美素质、能力发生预期的变化。

活动意义：培养学生认识美、爱好美和创造美的能力。美育对德育、智育、体育都有积极的影响。美育用优美感人的艺术形象，可以帮助学生认识人们的生活、理想和斗争，使他们受到生动的思想品德教育，促进他们的政治品质、道德面貌和思想感情健康地成长。

活动负责人：韦恩洁

活动主题：如何提升对绘画作品的感受力

活动专家：潘百孝（山东邹平人，2012年毕业于广西艺术学院美术学院美术史论系，获文学学士学位；2015年毕业于广西艺术学院美术学院美术史学理论研究方向，获艺术学硕士学位。2015年至2017年任教于广西艺术学院，2017年至今工作于广西师范大学出版社集团，现任广西师范大学出版社美术馆展览部负责人。

活动时间：5月19日星期三15：30-17：00

活动地点：至善讲堂

报名方式：第二课堂"到梦空间"

主办单位：广西师范大学漓江学院图书馆

承办单位：北京人天书店有限公司

八、活动流程：

1. 主持人介绍活动主题、活动主讲人及嘉宾。（10分钟）

2. 播放相关PPT，专家分享如何提升对绘画作品的感受力。（50分钟）

3. 提问互动环节。参与提问的同学均获得精美小礼品一份。（15分钟）

4. 主讲人结语，主办方与承办方共同致谢。（10分钟）

5. 活动成员合影。（5分钟）

中华传统吟诵与古诗词创作陈广林老师分享会活动方案

活动主旨：陈广林老师分享会旨在推广中华优秀传统文化，营造良好的读书氛围，使更多的学生了解博大精深的中华古诗词文化，享受读书的乐趣，从书中汲取知识，同时为喜爱诗词、喜爱读书的同学提供一个交流及展示自己的平台，达到发展文化知识的维度和拓展自己的目的。

活动内容：由广西师范大学中华优秀传统文化传承发展中心副主任，中华传统文化推广者陈广林老师与大家分享自己的得意作品，诵读作品节选，剖析作品特色理念，论述主题内涵。读者与陈广林老师面对面访谈，探讨中华传统文化，以书会友，以古诗词传播知识和文字之美，将阅读推广到身，凡参与名人作家互动问答的读者，均获赠作家亲笔签名迅风文创的笔记本一本。

活动主题：中华传统吟诵与古诗词创作

活动流程：

1. 主持人介绍活动主题。

2. 图书馆王忠馆长为活动致辞。

3. 主持人介绍陈广林老师。（5分钟）

4. 陈广林老师与大家分享自己的得意作品，诵读作品节选，剖析作品特色理念，论述主题内涵。（60分钟）

5. 现场互动环节。（10分钟）

6. 分享会结束，全场大合影。（5分钟）

主办单位：漓江学院图书馆/档案馆、广西师范大学出版社集团广西独秀书房图书有限公司

活动时间：2021年4月23日星期五14：30-17：00

活动地点：漓江学院至善讲堂

主讲人：陈广林

参与对象：在校师生

活动人数：180人

活动时长：约120分钟

报名渠道：第二课堂"到梦空间"

改变，从阅读开始——作家李约热和你谈阅读

活动背景：推动全民阅读，是培育和践行社会主义核心价值观、展现中华优秀传统文化永久魅力和时代风采的重要途径，也是提高人民素质、满足人民文化需求和增强人民精神力量的重要方式。党的十八大以来，以习近平同志为核心的党中央高度重视全民阅读工作。特别是2014年以来，全民阅读已经连续八次写入政府工作报告。2021年3月11日，十三届全国人大四次会议批准《中华人民共和国国民经济和社会发展第十四个五年规划和2035年远景目标纲要》。其中，"提升公共文化服务水平"一章中专门提出"深入推进全民阅读，建设'书香中国'。"在第26个世界图书与版权日来临之际，同时也是图书馆"书香漓院"第十二个读书月，图书馆开展读书月系列主题活动大力推动全民阅读。

活动目的："为什么要读书，这个问题还需要讨论吗？"纵观古往今来的阅读生活，读书的目的与缘由归纳为四种，即读以致知、读以致用、读以修为和读以致乐——其中，最令人向往的，无疑是从阅读中感觉到乐趣。在我们的传统文化中对读以致乐重视得很不够，苦读故事比比皆是，以至于直到今天，一说到读书还有许多人悚然肃立，如临大敌，要么不参

加，要参加就发愤争先。这种无功利的乐趣，在我们的传统阅读文化中是一个低音。如何去补这个低音？其实归根结底还是要回到"阅读力"的问题。在倡导全民阅读的今天，大学生更需要去感受阅读的乐趣。

活动主题：改变，从阅读开始——李约热和你谈阅读

活动时间：4月19日星期一15：00-17：00

活动地点：至善讲堂

主讲人：作家李约热

李约热，本名吴小刚，广西都安人，《广西文学》副主编，广西作家协会副主席。第十二届少数民族文学创作骏马奖获奖作家。短篇小说《青牛》获《小说选刊》2003—2006"贞丰杯"全国优秀小说奖；《你要长寿，你要还钱》获《民族文学》2015年度小说奖；中篇小说《涂满油漆的村庄》获第二届《北京文学·中篇小说月报》最具潜力新人奖；《戈达尔活在我们中间》获第五届广西文艺创作铜鼓奖；《一团金子》入选中国小说学会"2008中国小说排行榜"；小说集《涂满油漆的村庄》获第六届广西文艺创作铜鼓奖等。著有长篇小说《我是恶人》《侬城逸事》，小说集《涂满油漆的村庄》《火里的影子》《广西当代作家丛书·李约热》等。

活动参与人员：在校师生180人

活动报名方式：第二课堂"到梦空间"

活动主要内容：

1. 漓江学院代表发言。（10分钟）

2. 主持人开场，介绍到场嘉宾老师。（5分钟）

2. 受邀嘉宾分享。（30分钟）

3. 特邀嘉宾对谈。（20分钟）

4. 抽取5名现场读者朗读书中精彩篇章，朗读者均获得《人间消息》签名书一册。（15分钟）

5. 嘉宾老师与现场读者互动（30分钟）

第二节　应用型高校典型阅读推广类活动一览

一、图书馆入馆教育类活动

为了让新生尽快了解和熟悉图书馆的情况，更好地发挥图书馆文献资源信息中心的重要作用，图书馆采取线上线下多种形式开展入馆教育活动。除采用海报、微信公众号、网站宣传等传统的传播途径外，今年的新生入馆教育活动，还采取了三种新的方式：一是采用互联网平台，用答题闯关的新颖方式，开展入馆学习和教育，二是开展新生入馆教育实践活动，三是举办新生入馆教育专题讲座，多渠道多方式提高入馆教育的实效性。

在各二级学院的大力支持与配合下，新生到校后图书馆通过新生辅导员及时把《图书馆资源使用指南》（2020版）送到新同学手上，让他们了解图书馆的基本情况，同时指引新生登录图书馆网站，学习图书馆相关知识，完成学习后利用手机进行入馆教育答题，成绩合格后激活图书借阅证。

图书馆联合二级学院组织新生入馆参观，同时开展入馆教育实践活动，每学年参与人数达750余人。参观过程中，馆员向同学们介绍了图书馆的概况、馆藏分布、图书馆开放时间、电子借阅证借阅流程及已购数据资源检索和利用等，还对图书借还规则、弘毅读书社的情况以及图书馆阅读推广活动纳入第二课堂学分等做了详细介绍，最后馆员还通过指导新生使用电子借阅证借阅一本图书的方式，来检验新生本次学习的情况，为当天的活动画上完美的句号，很多同学都表示要常来图书馆感受大学的书香氛围。

同时，图书馆邀请广西嘉合律师事务所粟江波律师在弘善讲堂举行了一场主题为"非法'校园贷'及电信诈骗识别与防范"的讲座，有700多名新生到场聆听。粟江波律师从非法"校园贷"及电信诈骗的概念、形式、特点、危害进行了详细的介绍，并结合他多年受理的案例，指导同学们树立正确的消费观念，增强安全防范意识，防范和避免陷入非法"校园贷"及电信诈骗，并学会运用法律手段保护自己的合法权益。

通过开展新生入馆教育系列活动，图书馆利用掌握的文献信息资源和服务资源，加强了与二级学院的联系，主动为广大读者做好服务，实践工作育人的要求；活动也为提高新生的信息素养，培养新生利用文献资源的技能打下了良好基础。

馆员讲解现场

新生入馆参观

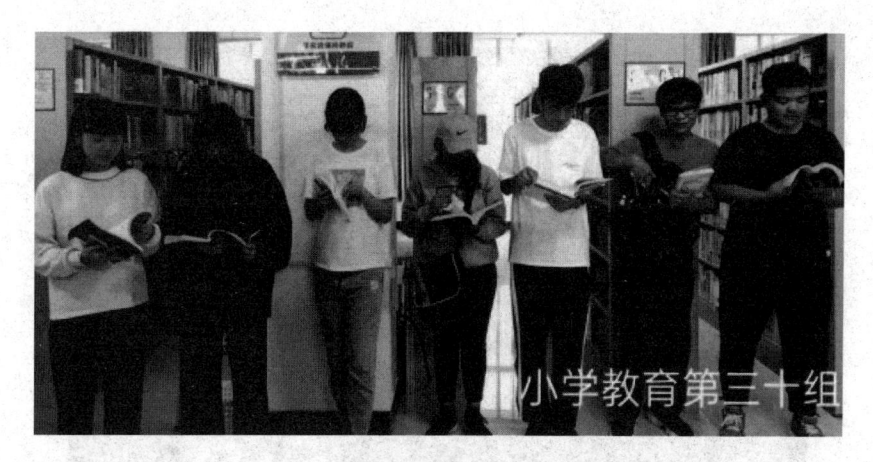

第三章 应用型高校阅读学分制的实践与效果——以桂林学院为例

新生入馆教育实践

新生专场讲座

新生入馆教育

活动现场

二、阅读推广讲座类活动

"行动派(社群)"联合创始人李婉萍女士在学校至善讲堂举行了一场主题为《敢行动,梦想才生动》精彩讲座,图书馆部分馆员、广西独秀书房图书有限公司副总经理陈诗艺、总经理助理高冰波以及学校各二级学院的180多名同学到场聆听。

行动派(社群)是一个倡导"分享改变世界,行动改变未来"、鼓励年轻人"做行动派,成为更好的自己"的全球华人青年互助学习共益社群组织,它以"学习、行动、分享"为核心理念,号召年轻人以互帮互助的方式实现人生"梦想",推动社员自组织分享会及开展线下学习活动。自2014年发展至今,"行动派"已吸引了超过1000万青年伙伴的关注。

讲座中"梦想清单"首席讲师李婉萍老师从"梦想"的意义和价值、"梦想清单"的重要性、如何找到自己的"梦想"、制定"梦想清单"的方法、如何迈出实现"梦想"的第一步等五个方面分享了个人如何通过制定切实可行的"梦想清单",在学习、工作、生活等方面做好自我规划,用脚踏实地的行动,一步一个脚印地达成和实现自己的梦想,实现自己的人生目标。李婉萍老师还向现场的听众分享了她的成长经历,告诉同学们敢于行动,才是实现个人梦想最有效的途径。演讲结束后在场的同学还与李婉萍老师进行了互动,李婉萍老师也热情地回答了同学们提出的问题,现场气氛热烈。

此次讲座是李婉萍老师在全国25个城市开展巡回演讲的其中一场,也是图书馆与独秀书房图书有限公司开展合作,加强校园文化建设的又一项工作成果。

讲座留影

讲座现场

讲座互动现场

世界读书日图书馆开展"中华传统吟诵与古诗词创作"讲座

在4月23日第26个世界读书日，图书馆特别邀请了广西师范大学中华优秀传统文化中心副主任、中国语文报刊协会吟诵教学法专业委员会理事、中华吟诵学会会员、桂林中华优秀传统文化研究会秘书长、广西师范大学文学院陈广林副教授在至善讲堂举行了一场"中华传统吟诵与古诗词创作"主题讲座，180余名对吟诵与古诗词创作感兴趣的师生到场聆听。

讲座上，陈广林老师首先介绍了中华传统吟诵的历史，以及传统吟诵中"念""诵""吟""唱"四种基本表现方式。他说，吟诵是中国式读书法，吟诵有独特的价值：一是可以提高阅读者的学习兴趣，增强学习效果；二是阅读过程中吟诵可修身养性；三是吟诵的终极价值是造就高品质人生，开创真善美的世界。陈广林老师还向师生们介绍了吟诵的规则，并开嗓示范吟诵诗词。在陈广林老师生动的讲解示范下，至善讲堂里全体师生齐声吟诵古诗词，用吟诵这种方式来感受古诗词的魅力。

陈广林老师讲座现场

诗词吟诵的余韵未散，陈广林老师又带领大家走进诗词创作中。他介绍了诗词的格律，并以一些耳熟能详的经典诗词为例，分析了古代汉语和现代汉语发音的异同。最后，陈广林老师谈到，诗词创作初期可先模仿，由浅入深，从模仿借鉴慢慢过渡到独立的诗歌创作。

本次活动是图书馆第12届"书香漓院"读书月系列活动的第二场讲座，在普及了古诗词吟诵和创作方法的同时，弘扬了中华优秀传统文化，对提高聆听者的人文素养有很好的帮助作用。

如何提升对绘画作品的感受力？——图书馆举办美育教育专题讲座

5月18日，图书馆邀请广西师范大学出版社美术馆展览部主任潘百孝老师在至善讲堂举行了一场"如何提升对绘国作品的感受力"美育教育专题讲座，近160名师生到场聆听。

讲座中，潘百孝老师以他本人为对象介绍他提升自己对绘画作品感受力的经验，并以中国画为例，从山水画、花鸟画、人物画等多方面入手分析，向同学们展示、讲解中国画的形式与内容，教导同学们用怎样的方式去理解一幅国画的"文质"。在讲解的过程中，他还根据古今画家的画作，对不同时代的画作进行了比较，并对现当代国画作品进行了反思，提出了"人格是中国画精神之所在，学养是中国画雅俗之分野，意境是中国画高下之根本，笔墨是中国画技法之精髓，形式是中国画发展的保证"的看法。潘百孝老师还分享了自己的学习方法，阐述了如何学习，如何看画，如何在内心当中形成相对客观的审美"标准"，倡导学生们多观察，多感受，多思考，多比较，多总结，提高自己对绘画作品的敏感度和美育文化素养。

本次讲座生动形象，潘老师不仅向同学们介绍了中国画的审美特征和审美规律，帮助同学们培养认识美、爱好美、创造美的能力，同时对提高同学们的审美素养，也有积极的促进作用。

本次活动是图书馆第12届"书香漓院"读书月系列活动的第二场讲座，在普及了古诗词吟诵和创作方法的同时，弘扬了中华优秀传统文化，对提高聆听者的人文素养有很好的帮助作用。

潘百孝老师讲座现场

潘百孝活动留影

三、阅读推广诵读类活动

第二届广西高校图书馆朗读大赛

　　12月5日在广西幼儿高等师范专科学校报告厅进行的第二届广西高校图书馆朗读大赛决赛中，由图书馆选送的4个参赛作品均喜获佳绩，其中传媒学院巩章艺同学的朗读作品《这一次，我们并肩作战》获大赛二等奖，传媒学院刘浩同学的朗读作品《无烟的战争》、传媒学院郭晓冉同学和孙永娜同学的朗读作品《汉江春》、传媒学院隋昊文同学和方睿同学的朗读作品《死神的速度》获大赛三等奖，传媒学院崔鸿林老师和图书馆韦恩洁老师获优秀指导老师奖，韦恩洁老师荣获优秀领队奖，图书馆荣获活动优秀组织单位荣誉称号。

　　本次朗读大赛由广西高教学会图书馆专业委员会主办，广西壮族自治区有48所高校参加了本次赛事活动，共征集朗读作品近10000部。在图书馆的积极组织下，我校语言文学院、传媒学院等7个学院200多名学生提交了194个朗读作品参加了校内选拔（初赛），经过由语言文学学院李钰老师和钟锟老师、设计学院李娜佳老师、传媒学院崔鸿林老师组成的校内评审组的严格评审，图书馆最终选送了6个作品参加区级复赛，经过广大师生的在线试听和网络投票，最终巩章艺等6名同学的4个作品代表我校入围12月5日进行的现场决赛。

参加现场决赛前期，图书馆韦恩洁老师与传媒学院的崔鸿林老师对6名同学进行了全面的技术指导，从作品选题、背景音视频剪辑、语言表达、表演技巧、选手之间的表演配合、舞台仪态等方面提出了大量的改进意见，最终经过激烈角逐，我校4个参赛作品在全部24个决赛作品当中脱颖而出，全部获奖。

本次广西高校图书馆朗读大赛自10月开展以来，得到了学校各二级学院的积极响应和参与，加强了图书馆与二级学院的联系，对促进校园文化建设，增进图书馆与读者的联系和互动，增强学生的社会实践能力产生了积极的作用。

大赛留影

参赛选手与指导老师

颁奖现场

决赛现场

中国图书馆学会阅读推广活动

近日,中国图书馆学会阅读推广委员会主办的第二届全国大学生中华经典美文诵读活动结果公布,由我校图书馆组织选送的语言文学学院贾云腾、党予童的诵读作品《乌骓别霸王》获银星作品奖,语言文学学院周煜喆的诵读作品《将进酒》获铜星作品奖。

本次大学生中华经典美文诵读活动从2020年5月22日开始,全国共有134所高校参与。自活动开展以来,我校图书馆一方面积极做好活动的宣传和动员,另一方面积极争取语言文学学院等二级学院的大力支持与参与。在参赛作品录制阶段,图书馆韦恩洁老师、语言文学学院副院长陈锴、语言文学学院李钰老师和设计学院李娜佳老师等都对参赛同学给予了大力的支持,对同学们的参赛诵读作品,从诵读技巧、语言表达、诵读内容、仪表形象、视频录播视觉、视频格式等多方面进行指导。经过层层选拔,图书馆向主办方推送了三个作品。

第三章 应用型高校阅读学分制的实践与效果——以桂林学院为例

据悉，本次诵读活动全国各高校共推选出362件作品进入专家网络研议阶段，最终专家评选出80件优秀作品晋级现场总评环节，在我校图书馆选送的三个作品中有两个作品获奖，取得佳绩。

本次活动是图书馆加强与二级学院教育教学工作联系的又一项工作实践。图书馆将充分发挥文化阵地的作用，积极开展全民阅读工作，努力为学校师生做好文化建设服务。

银星作品奖证书　　　　　　　铜星作品奖证书

诵读作品录制剪影

诵读作品录制剪影

"三下乡"实践主题演讲比赛

围绕2020年全国科普日"决胜全面小康，践行科技为民"主题，图书馆开展"三下乡"之科技下乡实践为主题的演讲比赛活动，活动分初赛、决赛两阶段进行，10月29日，决赛在独秀书房（漓江学院店）举行。活动旨在通过演讲这一形式，让同学们讲述对家乡的热爱，抒发科技促进家乡发展的自豪感，分享在助力脱贫攻坚、服务乡村"三下乡"实践中受教育、长才干、做贡献的所得所获。

本次演讲活动纳入第二课堂学分制，决赛的18名同学，是从初赛53名同学中初评产生，决赛现场要求脱稿演讲，有的同学以假期返回家乡"三下乡"社会实践的图片及其他有价值的材料为演讲素材，展现科技进步对实现全面小康、打赢脱贫攻坚战的重要作用。有的同学传递科技下乡，可以很好地让他们融入社会当中，更好地为社会贡献自己微薄的力量。这不仅可以拓宽视野，还可以让他们体会生活，坚信科技改变生活，实践深入生活，带着科技深入家乡改变家乡。最终，经济与管理学院2018级投资学专业王胜男同学在比赛中脱颖而出，演讲作品《科技改变家乡》夺取决赛一等奖，经济与管理学院2018级经济学专业莫煌远的《我以为我的家

第三章　应用型高校阅读学分制的实践与效果——以桂林学院为例

乡》、语言文学学院2018级英语专业汪佳敏的《砥砺前行　科技为民》获得二等奖，吴恒锐、左惠琪、刘檬三位同学获得三等奖，庞连连等十一位同学获得优秀奖。

一等奖选手演讲现场

决赛选手与评委留影

近两年来，图书馆高度重视主题演讲、朗读等阅读推广活动，安排专人负责，并充分发挥微信、微博等新媒体及二级学院分团委宣传平台作用，加大宣传力度，拓宽学科专业覆盖面，给学生更多的展示才华及舞台锻炼的机会。同时，结合我校情况组织专业评委团队，目前评委有传媒学院崔鸿林、语言文学院李钰、语言文学院钟锟、艺术设计学院李娜佳等四位老师。

四、阅读推广观（读）后感类活动

（一）"全城共读一本书"活动

"全城共读一本书"活动通知

2020年，桂林市图书馆学会积极开展阅读推广活动，持续打造"品味书香"阅读活动品牌，在"好书分享"图书推荐活动基础上，进一步开展"全城共读一本书"活动，同时向广大读者征集读后感。现将有关事宜通知如下：

活动的目的：为大力倡导"读书好、好读书、读好书"的良好风气，调动读者积极阅读及参与阅读推广的热情，提高广大市民的文化素养，在本市营造浓厚的书香氛围。

共读书目：经学会常务理事会推选，向广大读者推荐共读书目为《国家相册：改革开放四十年的家国记忆典藏版》。

活动时间：5月—9月。

活动组织：桂林市图书馆学会

活动对象：学会会员及广大读者

活动内容：开展共读《国家相册：改革开放四十年的家国记忆典藏版》阅读活动及征集读后感活动。

征文要求：参评作品必须是原创，未在正式刊物上公开发表。其作品题目自拟，体裁不限，内容健康向上。如是诗歌题材，作品不超过50行，其他体裁作品总字数不超过5000字。作品如涉及著作权等法律纠纷，均由本人负责。

《国家相册：改革开放四十年的家国记忆典藏版》读后感

"以人为鉴，可以明得失；以史为鉴，可以知兴替"这句话在《国家相册：改革开放四十年的国家记忆》这本书里有了深刻的体现。这本书收集了大量的照片，用来展示我国改革开放40年来各个领域的发展，并配有文字说明。通过人们生活中的一张张影像来反映那个时代的中国。看着这一张张的老照片在我面前滑过，感觉我自己见证了那段不平凡的岁月，心中感慨颇深。

掀开书，就看到了第一篇——高考四十年，作为一名当代的青年大学生，我也十分好奇当年的高考是怎样的，与我们现在的高考又有什么不同，于是兴奋地看了起来。

1966年"文化大革命"开始后，我国就中断了高考，那时只有少数工农兵学员可以通过推荐进入大学。在这以后的十年里，我国教育体系受到重创，教育行业发展缓慢。

"文革"结束后，中断了11年的高考恢复了，如春天的第一声惊雷，高考给数千万在困苦中彷徨的青年带去了希望。这一年许多青年又重新拿起了课本，白天在田间干活，晚上回来再挑灯夜读。他们希望通过知识来改变自己的命运。这一年有570万青年，带着积聚了十年的饥渴和梦想，从四面八方涌向久违的考场。

回忆40多年前的那场考试，所有亲历者几乎都把它首先看作个人命运的转折。毋庸置疑我们是幸运的，坐在宽敞明亮的教室里接受着知识的洗礼。而20世纪70年代末参加高考的那一批人虽没那么轻松，但又无疑是幸运的。高考，改变了那一代人的命运，也改变了这个国家的命运。

历史是最好的教科书，一张张发白的照片，无一不是一部部鲜活的无字史书。

你赶过集吗？起个大早，梳妆打扮，携老扶幼，赶驴拉车。赶集曾是最常见最真实的生活场景。赶集不仅仅能收获实在的物品，更能体验浓浓的人情味。

这本书第五章里就有对赶集情境的描述，当时的中国交通还不发达，很多人都是走着或赶着驴车去赶集，人们从四面八方赶来，好似来参加一场盛宴。集市上应有尽有，当时有这样一句话说："在集市上除了爸妈，什么都可以买到。"庄稼汉十活的工具，巧媳妇的柴米油盐，小孩子馋嘴的零食和玩意儿……

除了买卖交易，赶集还充满了浓浓的人情味。十里八村的亲朋，工作了一周的上班族都可以在集市这里碰个头说说话，热热闹闹的。这是几十年前的中国，现在的集市在慢慢消失，人们可以去超市里购物也可以在网上买东西，是改革开放让集市红火了起来，也是改革开放让集市逐渐褪去繁华。

有幸在我小的时候也跟着姥姥和姐姐一起去赶过集，每个月的5号和19号就是集会的日子。每到这一天，我和姐姐就很兴奋，甚至赶会的前几天就已经想好要买些什么，吃个肠呀，买块雪糕呀什么的。吃完早饭后就早早出门。集市距姥姥家还是有段距离的，姥姥总是骑个三轮车，还是那种脚踩的，旁边是可以做人的，我和姐姐就一人坐一边，遇到上坡路就下来帮忙推着。到了集市后，姥姥把车停好，我和姐姐就到处逛，看到想吃的好玩的就问姥姥可不可以给买，有卖小鸟小猫的就围过去看，几乎每次赶集都会买点瓜子糖果回来吃。后来慢慢长大了，也回自己家住了，很少去赶集了，只有去看姥姥的时候正好遇到集会才偶尔去一下，发现集市上摆摊的人少了，来买东西的人也不多，也没有我喜欢的东西了，就再也没有去赶集了，忽然读到《国家相册》里对集市的描述，就想起自己以前赶集的场景，有点怀念，也不知道现在那里还有没有摆集了，心想下次去姥姥家时一定要去看看。

千百年来，历史总是在"铭记"与"遗忘"中摇摆。照片无言，历史却是有声的，《国家相册》通过一张张老照片生动再现了历史。

改革开放，是中国具有历史性的一次跨越，也是开启中国经济繁荣发展的新篇章。回首过去，我们40多年的风雨历程，路途艰辛，但是硕果累累。这一点在《国家相册》里一一被记录下来。

匠心之作的魅力

这是一本关于时间的书。翻开它,你可以清晰地回首来路,过往的岁月如同电影在你面前徐徐展开,温柔地告诉你:"我们从哪里来。"

这是一本关于成长的书。在这里,你能看到一个国家不断明朗的成长轨迹。仿佛是一个孩子,从稚气未脱到越发健壮成熟。一个国家的成长与发展,在这里生动、可观地呈现了出来。

这是一本关于全体中国人的书。带着岁月淡淡的馨香,借助一张张独特的照片,每个中国人都可以在这里看到关于自己生活、成长的影子,从而产生强烈的共鸣和认同。

这本书便是由新华社倾心打造的《国家相册:改革开放四十年的家国记忆典藏版》。该书选取了我国改革开放40年发展变迁中100多张有代表性的照片,配以一定的文字说明,向读者展示关于岁月与发展的故事。这是一本集思想性、艺术性、可读性于一体的书。在我看来,它有以下三方面的魅力。

一是从内容上看,它立意宏伟,选材独特。照片本无言,是静止的艺术,但这本书却力图通过照片全方位、多层次、多角度地展现国家历史。从这本书的最终呈现来看,这种创意无疑是成功的。借由历史照片搭建主题,每一个主题也都别出心裁——既有宏大的历史事件,例如关系千万学子命运的高考,唤醒沉睡大地的农村经济体制改革;也有不起眼的,甚至是逐渐消散在时代洪流中的事物,例如饭桌上的白菜,曾经热闹的赶集等。透过这十三个专题,我们看到了改革开放四十年来衣食住行的变更,普通人的生活变化,国家的逐步发展等,甚至还了解到了照片背后一些隐秘的、不为人知的故事。这些故事或是辛酸或是温暖,但都为个体、为特定的时代留下了生动的一笔。立意上的宏伟,选材上的新颖都让这本书带给了读者更深刻、也更愉悦的阅读体验,引领读者在阅读过程中重温和思考历史。

二是从风格上看,本书时间感强,有着深深的岁月印记。当你翻开这本书,一页一页地看过去时,最直观的感受莫过于照片由黑白变成了彩色。虽然是简单的色彩转变，但读者在阅读的过程中仿佛也历经了好几个年代的变更。白菜专题让我们知晓了曾经白菜的巅峰地位，又让我们了解了白菜如何慢慢地从冬储变成日鲜。赶集专题让我们看到了物质匮乏年代人们狂欢的场景，如今的我们虽然很难再见到这样的场景，甚至不知其为何物，但捧着书的我们依然会对书中充满烟火气的照片会心一笑——形式会变，但浓浓的烟火气仍是人间不变的底色。而当我们看到手机从稀有的、单一的通话工具变成今天人人必备的超级工具时，我们更是惊讶于时代的飞速发展……在我看来，这本书的关键词就是时间感。书中的照片从灰白到彩色，故事从过往讲到现在，它带领读者超越时空，了解昔日，也反观当下。这是最好的历史呈现方式，每个人都可以在这期间知晓时代，也看到自己。

三是从制作上看，这本书实乃精益求精，匠心打造之作。本书有十三个专题，每个专题的选择都有其独特之处，不管哪个年龄段的人看这本书都会有很强的代入感，如果是"老三届"的学子看到高考专题，他也许会热泪盈眶，瞬间勾起他许多尘封的往事；如果是白发苍苍的奶奶，她可能会对"缝缝补补又三年"的岁月有着深刻的记忆；如果是新一代的孩子们，也许会对崭新的、便捷的支付方式产生强烈的共鸣……在话题切入上，每个话题的切入也都不同，都有其新颖性。例如电话专题从一篇小学课文《为了六十一个阶级兄弟》中汲取灵感，从一个历史事件切入，再现电话在那个车马都慢的年代带来的奇迹。电影专题则从一个电影放映员的视角切入，讲述电影的变更发展……在话题切入上的几易其稿，奔赴各地考察与采访便是此书匠心制作的生动证明。在文字说明上，本书的文字不多，但语言精练，叙述生动到位。每一张专题后面都有导演、制作人或是采访者讲述他们的感受和体验，这些都大大增强了这本书的趣味性和可读性。

作为一部经典之作，《国家相册——改革开放四十年的家国记忆典藏版》无疑完成了它的使命。它以强烈的时间感记录了一个国家成长与发展的历程，并唤起了无数人的共同记忆。正如这本书的后记所说的："每一张照片都是历史的一次回眸，对历史的每一次回眸都是为了寻找前进的力量。"我想，照片不仅仅是一种历史的见证，告诉人们："我们从哪里来。"它更是一种提醒，时刻告诉我们，不忘初心，以更无畏更坚定的姿态走向未来。

《国家相册——改革开放四十年的家国记忆》读后感

《国家相册——改革开放四十年的家国记忆典藏版》一书是从珍藏自1892年以来的上千万张历史照片中选出的与改革开放40年相关的各领域最具代表性的照片，并制成13集的小故事，为改革开放40周年献上一份独特的纪念。一张张生动鲜活的图片，配以文字，让我们领略到改革开放的沧桑巨变，好不快哉。将中国百年来跌宕起伏、风云激荡的历史以图片的形式呈现给读者，就是为了让人们始终不忘中华民族经历的苦难与辉煌，倍加珍惜改革开放，特别是新时代取得的历史性成就、发生的历史性变革，唤醒读者共同的民族、家国记忆，永远铭记改革开放的千秋伟业。

历史是最好的教科书。书中宏大的历史叙事，被浓缩于一幅幅照片所定格的一个个历史瞬间——或是一个动人表情，或是一个经典场景，或是一个生活细节，使得人们在领略浩荡奔腾的历史大潮中，也可以看清其中的一朵朵微笑浪花。书中大部分的图片都是黑白照片，恰是这黑白的照片，可以让读者情真意切感受到曾经的生活场景和历史变迁。这无粉墨修饰的照片，有着一种能直达人心的力量，在潜移默化中增强读者的历史使命感和爱国意识。

欲读懂当代，就不能不深入了解中国百年风云发展脉络。欲走向未来，就不能不从历史前进的必然逻辑中获得启迪。照片虽无言，历史却有声。千百年来，历史总是在"铭记"和"遗忘"之前摇摆。因此，珍视历史、尊重历史、铭记历史就显得尤为重要。翻开《国家相册》，静静观赏，细细品味，每个主题都有出乎意料的故事，质朴真实。每一个主题都写满时代的痕迹，背景也是这四十年独有一份的。

1. 高考四十年——无尽的希望

翻开这四十年的珍贵家国记忆，书中第一篇专题《高考四十年》，就直击我的心灵。距恢复高考已经过去了四十三年了，可高考依然牵挂着千万学子和万千家庭。

1977年，被中断了11年的高考恢复，给数千万困苦彷徨的青年带来了希望，改变了一代人的命运，也改变了中国。在那个特殊的时期，恢复高考存在着许多困难。如春天的第一声惊雷，社会上流行起"高考热"，全社会在讨论高考。1977年，570万考生走进考场，一起践行知识改变青年人命运的社会趋势，学习风气开始转变和盛行。而这一代知识青年也改变了中国。伴随着改革开放，这一代大学生中，许多人成为各领域的栋梁，他们实现了个人梦想，也为国家发展做出了杰出贡献。恢复高考吹响了解放思想、解放生产力的第一声号角。

2. 惊雷第一声——翻身的日子

看着这一纸"秘密契约"上鲜红的手印，我的内心震撼良久，是什么样的意志支持着他们去赶赴一场危险的集会。随着历史不断的沉淀，事实证明"分田单干"是正确的尝试。

1978年冬日，安徽省凤阳县小岗村的18位农民在这份"托孤"契约按下了血印，冒着坐牢的风险铤而走险，仅仅是为了温饱问题。在延续已久的"大锅饭"体制下，自主经营被明令禁止，大家谈"私"色变。严重的平均主义死死捆住了人们的手脚，农民越干越懒，地越种越薄，粮越收越少，甚至到了要饭的境遇。在这样严峻的背景下，这带头的18位农民敢为人先，一步一步创造着历史，用着微乎其微的力量保护着这个"秘密"。这个"秘密"终究在春天，在长势喜人的秧苗上藏不住了。在巨大的政治风险面前，公社扣下了小岗村春播的种子，村民有苦难言。幸好县书记陈庭元担保，这场"秘密"活动才得以持续。历史再一次证明，人民群众是历史的创造者。18位农民敢闯敢试，敢为人先，点燃了改革火种。火种逐渐壮大，遇薪则燃，轰然成势，很快蔓延全中国。习近平总书记重温小岗村时，感慨道："当年贴着身家性命干的事，变成中国改革的一声惊雷，成为中国改革的标志。"

3. "钱"世与今生——人民的钱币

盯着那满抽屉的旧票证，我目瞪口呆。一次偶然的时机，我瞧着爷爷奶奶房间里的那个老旧带着岁月痕迹的床头柜，鬼使神差地走过去打开了它，发现满抽屉的粮票、油票、毛票……上面的字迹已模糊不清。随着岁月的流逝，它们也失去了各自本身的价值，但也被赋予了新的价值。这也是长辈们所铭记与珍藏的家国记忆。

从没钱，到有钱；从带钱，到不带钱。钱包里装着老百姓的日子，更有一个日新月异的中国。20世纪50年代，人民币的面额很大，当时最大面额是五万元，买点日用品动辄都要上万。这是因为新中国成立前连续多年通货膨胀遗留的影响没有消除。为了适应新的经济环境，1955年发行第二套人民币，并收回第一套人民币。因旧币换新币的比例是一万元换一元，"以大换小"，人民担心越换越少，为了安民心，商店里，街道上，到处都贴上了标语："钱不但毛不了，而且物价会更加稳定。"同时，国家也贴心地为少数民族同胞们特设立兑换新币的兑换所，随处宣传着：政府发行新人民币有大量物资做基础。国家做到了安民心暖民心。改革开放后，物资供应逐渐充裕起来，再不用按人头定量配给了。20世纪90年代起，各种票证陆续退出历史舞台。随着经济的快速发展，人们不仅吃饱穿暖，生活也多姿多彩起来。人们不仅要有钱花，还要花得开心、方便。从南到北，从沿海到内陆，新的支付方式一波一波走进人们的生活。从此支付不再需要拉开衣服，扯开裤腰从兜里拿钱，而是手机在手，天下我有。我们讲粮票，讲毛票……如此不厌其"小"，就是为了讲寻常日子里的智慧和看似寻常日子里蕴含的巨大能量，以"小"故事讲述"大"历史，以"小"细节呈现"大"时代。

《国家相册》的每一张照片，都是对历史的一次阐述，都是对历史的一次回眸，都是对读者家国记忆的唤醒。读完本书后我更深刻体会到现在幸福生活的来之不易，也进一步激发了自身对家、对党、对国的认知。作为一名热爱党的当代大学生，要时刻坚定理想信念、铭记历史、不忘初心、牢记使命，要坚持党的基本路线一百年不动摇，改革开放不停步，续写新的篇章。

有一种记忆叫作《国家相册》

当时间流逝，新事物逐渐取代老古董，但是历史的记忆不应该就此磨灭，更不该被后人所遗忘。一直好奇爸爸妈妈小的时候是过得怎样的生活，闲暇时总听他们讲一些之前的故事，靠着凭空想象，还原当时的情景。这次遇到了《国家相册》——一本记录改革开放四十年的家国记忆，又将是多少人的童年回忆啊！

《国家相册》一书最让我觉得宝贵，同时也是最为称赞的一点是，看着书中那些年代所流传下来的珍贵照片，仿佛置身那个时代，感受到那个时代迎面扑来的一种独特韵味。

作为一名经历过高考的大学生，我清楚地知道知识改变命运，高考是我们人生的重要转折点，在开篇第一章"高考四十年"中，那种恢复高考后的喜悦，洋溢在字里行间。一张插图——迎新站，让我记忆犹新，仔细看，每个学生手中都提着厚重的行李，但是脸上的笑容才是最夺目的。做事情讲究效果，效果的好坏是由实践的人来评判的。知识改变了一代青年的命运，而他们也改变了中国。

惊雷第一声，一个改变中国农产业的重大决定：交足国家的，留够集体的，剩下的都是自己的。一个时代总是要有一两个人敢为天下先，拯救农民的落后意识，用"分田单干"来取代包产到户，这一举措极大提高了农民的农作物产量，所以说人民群众是历史的创造者。

我从来不敢想象一尺花布要3750元，但是放在20世纪50年代，这却是十分正常的一件事，因为这是第一套人民币的价格，真是让人长见识。当时实行钱币的更换，花钱成百上千突然变成了分票、毛票，不知道当时的人是否能适应。黑白照片上出现的伍元、壹元倒是让我想起了我小时候的那套人民币，我也记不清是第几套了，只是感觉上面的字格外亲切。似乎这样的字就应该用在钱币上一样。看过一些老电视剧，比如《金婚》里面每个月买米买肉，都需要一种叫作粮票、肉票的东西，但是只闻其名，不见其形。这次在这本相册里见到了，一张盖着小印戳像人民币一般大小的纸张，上面写着米、面、肉……还挺有趣。回首今朝，出门人们再也不必为金钱而担心了，不怕丢、不怕偷、不怕找不开零钱，因为出门的时候只需要带一部手机，手机支付，真是科技改变生活。

　　让我最有感觉的一章是"走，咱们赶集去"，因为现在在我的老家"赶集"仍然是一种习俗，可能是自己亲身经历过，读起来就更有感觉一些，能找到更多的共鸣。随着祖国的蓬勃发展，科技的日新月异，网购、超市、外卖这些比比皆是，不用出门，就能买到自己心仪的东西，相比之下，赶集似乎"out"了一些。但是我不这么认为，赶集的那种氛围是网购所不能媲美的。书中描写的我都能理解，我家乡的赶集就是如此，唯一不同的就是年代变了，卖的东西和价格也变了，但是还是如黑白照片中人挤人，虽然挤，但是大家都乐在其中，尤其是过年的时候，这一条街走过去，一个摊位挨一个摊位，热闹得紧，好一派人间烟火。过年的时候，尤其在北方家家户户都要买的菜就是白菜了，虽然现在超市24小时营业，想吃什么都随时可以买，但是如果食品不储存够了，那不叫过年。白菜是最容易存放的菜了，吃法又多样，所以深受人们喜爱也不足为奇。读到这一章，勾起了我的无限回忆。小时候大人们经常把白菜腌制成一种名为冬菜的咸菜，配上白米稀饭，虽然简单但是不失美味，冬菜嚼起来咯哧咯哧的很有意思，有的时候想念它的味道了，不等白米稀饭，就直接干吃冬菜，倒也吃得很开心。

　　人人都有一颗爱美之心，一年之计在于晨，一人之美在于首。读到"从头美起来"这一章时，开篇就放了一张彩色照片，照片中女的精致男的精神，彰显了我们中国人的独特气质。对应标题，仔细观察举牌子女生的发型，很平常，但是放在现在看也不过时，而当时却是无数姑娘去到理发店指名道姓要剪的发型。一个精致的发型代表的不仅仅是个人的形象，更是祖国的形象。陆恩淳当年出国去参加比赛，每个月88元的工资，拿出一笔巨款8元去烫了一次头发，彻底击灭了来自外国的歧视。中国的女人不是小脚，中国的男人也不再背一条大辫子，我们要美出新天际。转眼看现在，走在街上，只有你想不到的发型发色，没有你看不到的发型发色，在理发界有一句话叫作：黄头发永远不会迟到。大家的生活水平提高了，思想不再古板，用美来装饰这泱泱中华大地。

仍记忆犹新的是末尾的"不变的温暖",那时冬天虽然凛冽,但是人们靠蜂窝煤取暖,一种黑色圆形,上面有很多小孔的东西。我小的时候家里住的是平房,冬天也是靠烧煤取暖的,只是味道不太好闻,一不小心就一氧化碳中毒了。看到这一章中有许多黑白照片上面都是有炕的,炕是用砖垒起来的,这一定是老一辈人的深刻记忆,如果扒掉老人的炕,估计都会心疼很久吧,即使随之而来的新床铺漂亮又舒适。冬天的时候,把炕一烧,躺在上面就像一个天然的发热毯,保证不会冷到你。从黑白照片过渡到彩色照片,这背后是从煤炭过渡到暖气和集体供暖的奇妙转变。在北方,家家户户里都装着集体供暖,有的还有地暖,实现了冬天也穿半截袖。时代在发展,人民的日子好起来了,现在人们不紧穿得暖,而且穿的漂亮,人们不止吃得饱,而且吃得高大上了,我们的祖国真正实现了从站起来到富起来再到强起来的完美转变。那种日子里,让人怀念的不单单是烤火取暖的快感,更有一家人围在一起的那种来自心底的温暖。

照片配上朴实无华的语言,是这本书最耀眼的地方。阅读的时候仿佛穿越一般,每一章都思路清晰,从改革开放四十年前一直记录到今天,从黑白照片逐渐过渡到彩色照片,变的是颜色,是时代,不变的是我们的初心。读史使人明智,历史是一个人最好的启蒙老师,也是积淀一个人民族文化的最佳方法。经典之所以被奉为经典,是因为它永不会过时,不管什么时候什么人去看都会牵起无数情思。

爸爸妈妈小时候的生活是这样,我小时候生活是那样,细读这改革开放四十年的经典巨作,了解到的不仅仅是一个个小情节,更有对祖国飞速发展禁不住的赞美,建设中国特色社会主义,每个中国人都应该有一个中国梦,为了家国努力实现梦,等到老的时候,希望我们这个时代也会被写进这样一本相册里。

远方的呼唤

小时候,

火坑在呼唤我,炭盆在呼唤我,煤球在呼唤我,走街串户，嘘寒问暖。
长大后，
床铺在呼唤我，煤气在呼唤我，地暖在呼唤我，
人间烟火，冷暖自知。

小时候，
书信在呼唤我，邮票在呼唤我，电报在呼唤我，
近处靠吼，远处靠走。
长大后，
E-mail在呼唤我，App在呼唤我，Fax在呼唤我，
互联互通，近在咫尺。

小时候，
爸妈在呼唤我，老师在呼唤我，学习在呼唤我，
似懂非懂，牙牙学语。
长大后
知识在呼唤我，高考在呼唤我，人民在呼唤我，
孜孜不倦，蓄势待发。

小时候，
朋友在呼唤我，小贩在呼唤我，集市在呼唤我，
满心欢喜，手舞足蹈。
长大后，
代购在呼唤我，客服在呼唤我，商场在呼唤我，
交易可退，不紧不慢。

（二）2020年广西高校图书馆"学问杯"影评大赛

主办单位：广西高教学会图书馆专业委员会、广西高校图书情报工作指导委员会

承办单位：桂林师范高等专科学校图书馆、各高校图书馆

组织单位：广西高教学会图书馆专业委员会、读者服务创新与推广工作委员会、广西高校图书情报工作指导委员会、者服务创新与推广工作组、各高校图书馆

协办单位：广州红霖信息科技有限公司

媒体支持：央广网、新华网、广西日报、广西电视台、广西新闻网、优酷视频

参赛对象：广西壮族自治区高等院校正式注册的在校学生均可参加，每个参赛者限交参赛作品一篇。

大赛内容和参赛要求：

1. 参赛者必须认真填写参赛表格，根据表格的要求提供个人资料，如果不填写或者填写不全者、填写内容虚假者将被取消参赛资格。

2. 参赛作品要求务必原创，必须由参赛者本人进行独立创作（不接受两人及以上合作作品），且必须从未在任何报刊或其他公共媒体（包括互联网）上先行刊载过。参赛者应遵守学术道德和学术规范，严禁剽窃。大赛组委会一旦发现参赛作品或其一部分已在报刊和互联网等公共媒体上先行刊载，或涉嫌抄袭，将严肃处理，立即取消其参赛资格。禁止参赛作品一稿多投。

3. 参赛作品必须内容健康，不能含有色情、暴力因素，不能与中华人民共和国法律相抵触。

4. 所有参赛作品将不予退还，请参赛者自留备份。

5. 所有参赛作品版权归作者本人所有，主办方不承担包括名誉权、隐私权、著作权、商标权等纠纷而产生的法律责任，其法律责任由参赛者本人承担。但主办方拥有媒体宣传使用权；对于入围和获奖作品，除非特别申明，组委会有权无偿在媒体上展示、展出、结集出版，或用于与艺术教育相关的活动。组委会享有将影评大赛入围和获奖作品用于影视教育和知识产权宣传等非商业性活动的展出和使用权。

6. 本方案一旦发生变动，将会在官方网页上提示修改内容。若参赛者不接受修改条款，有权退出此次大赛。如果参赛者在公告发出七个工作日后仍未通知组委会放弃参赛，则视参赛者为接受所有变动内容。

看《湄公河行动》观后感

《湄公河行动》是根据"10·5中国船员金三角遇害事件"（湄公河惨案）而改编的一部电影。

该片带给人的视觉冲击感特别强烈与震撼。演员的动作戏表现得淋漓尽致，极富感染力。像真实的还原了当时中国缉毒队与毒枭分子激烈的搏斗场面，也极大程度地表现了中国缉毒队的英勇与顽强抵抗精神。其实真实的场面要比电影来的更惨烈，也更震撼人心。这也说明了我国对捍卫国土与国民的决心之重，以及我国缉毒部队为报效祖国所付出的努力与牺牲是多么让人敬佩。

这部影片我看了三次，每一次看都能带给我全新的感受。其中有三个镜头使我感触特别深。

第一个是在糯卡的毒窝里。一帮小孩在赌博，这可不是简简单单的打打牌，谁赢了钱就归谁。而是通过把枪对准自己的脑壳，两人轮流着，直到里面的子弹把对方的脑袋射穿，这场赌博才结束。

我在观看的过程中惊讶得用手捂住了自己吃惊的嘴。我实在是没有想到，这帮小孩看到自己的同伴被自己给枪杀了，不仅没有丝毫的难过与愧疚，反而还为他们这种残忍的胜利欢呼、跳跃起来。他们已经完完全全忽视掉了他们那位已死的同伴，尽情地沉浸在他们所谓的"欢乐"的世界里。

我内心为他们感到悲哀，他们本应该像其他小孩那样幸福快乐的成长着。可是不幸的是他们被糯卡这个大毒枭抓来当娃娃兵，每天吸食毒品，麻痹意志。最终变成了个毫无感情、丧失人性，不把生死当回事的傀儡。

毒品真沾不得啊！它可以让人变得不像人！甚至变成个行尸走肉。

第二个镜头是糯卡为了报复中国政府破坏他们的行动，他则令毒窝里的两个小孩秘密行动，潜入中国政府大楼，放出炸弹包炸毁那里。最后，大楼里的工作人员伤亡惨重，毫不例外那个放出炸弹包的小孩也因此丧生了。

这难道不令人感到可怕吗？毒枭分子通过训练，麻痹小孩，成功驯服小孩为他们卖命。而小孩又不容易让人怀疑，通过派遣小孩为他们做事，往往很容易让毒枭分子阴险的计划完成。毒枭分子实在是可恶至极，他们贩卖毒品，抓小孩当娃娃兵，逼迫当地人为他们种植罂粟等等这些恶行实在是天理难容。所以我觉得中国派出缉毒小组去捉拿他们不仅仅是为了还中国船员十三条人命一个清白，更是在无形中救了多条无辜性命。因为只有把毒枭分子全都捉拿归案，才能使无数条无辜生命免遭他们的迫害。我国所作出的大英勇行为实在是可歌可泣。

第三个镜头是中国特种兵秘密潜入糯卡毒窝点，活抓糯卡的壮烈场面。中国特种兵英勇前行，不畏生死。为了活捉糯卡，他们态度坚决，行动缜密，团结配合。在行动过程中，中国特种兵几近与毒枭分子生死搏斗，尽管被射击到了，他们仍然坚持到最后一口气。特别是方新武（彭于晏饰演）和高刚（张涵予饰演）与毒枭分子在河上抗击的那段，高刚差一点就成功把糯卡抓回去了。没想到最后毒枭分子的援兵来了，不停地对高刚和糯卡射击。方新武为了使这次任务成功，英勇地把游艇撞向毒枭，壮烈牺牲。

毒品害人千千万，一旦沾染难回头。多提醒自己与身边人，幸福的路还很长，不要让毒品阻断了我们前行的步伐。不要让自己像剧中那些吸毒的人一样变得没有人性，如同行尸走肉一般。

中国真的为缉毒做了很大的牺牲，也每一天都在努力不让毒品出现在我们的国土上。所以也希望作为国民的我们也能尽一份责，不吸毒、贩毒、不从事走私毒品等危害国家的行为。愿我们都能做到抵制毒品，也希望我们能像影片中的缉毒小队一样热血报国。

《烈火英雄》——观影有感

"有一天你会明白，有些人不再回来，就像你曾经追问的爱与不爱……"在我还在刷抖音的时候，这首歌几乎天天被刷屏，而它的背景则是《烈火英雄》这部电影。那时的我想着这无非就是一个灭火的电影，为什么会被炒得这么热闹，在好奇心的促使下，我走进了这部

第三章 应用型高校阅读学分制的实践与效果——以桂林学院为例

电影。

在一次处置火情的行动中,滨海市消防特勤中队队长江立伟由于指挥不当致使一名消防员在深入火场时壮烈牺牲。为此,他被调离特勤岗位,转任郊区消防东山中队队长,但战友殉职的心理创伤始终无法摆脱,退役成了他唯一的选择。江立伟离开后,原特勤中队长马卫国代行队长之职。他出身军人家庭,一心要在消防事业上做出成绩,可无论怎么努力,似乎总得不到父亲的认可。电影中的火灾来源于滨海市海港码头发生管道爆炸,整个罐区的原油都顺着A01油管往外流,化成火海和阵阵爆炸,威胁全市、全省、甚至邻国的安全。慌乱的市民四处奔逃,一辆辆消防车却逆向冲进火海,灭火的故事由此开始了……

而后来的剧情幕幕泪点,最爱的人在行动中牺牲了,只能去拍拍他脸上的灰,又带着极度的悲伤重回救援岗位。我在想,能够见一面应该是最幸福的事了吧,在现实生活中有多少消防员的家人们没有办法见到他们,有些人甚至连身躯都奉献给了那熊熊烈火,在大火中渺小如尘埃的他们化成了一束光,照亮整片人间;救援小队用水车、干冰来灭火,显然这些东西已经阻挡不了大火的蔓延,他们一字排开,用身躯组成一道围墙,只为了能争取哪怕一丁点的时间,在责任与任务面前,消防员把自己仅有的生命排在了身后,用付出换回大家生的希望;最为让我感动的是手动管阀门,转八十圈为一扣,一个阀门,一百扣。血肉模糊的手,被烈火烤着的脸,和大火这个恶魔嘶吼对抗,不顾生命危险,不给自己留退路,只为把任务完成,把阀门关上。不畏惧,不退缩,坚定,正是因为有你们这样的英雄,才有我们美好的生活。

在电影之外,让人意想不到的是《烈火英雄》这部电影是由长篇报告文学作品《最深的水是泪水》改编的,故事源于2011年"大连7·16"真实事件,讲述了沿海油罐区发生火灾,消防队伍誓死扑灭火灾的故事。2011年7月16日14时20分左右,位于辽宁省大连市甘井子区的中石油大连石化分公司(原大连石油七厂)三号港附近炼油装置发生火灾。这场火灾中,由于输油管爆炸,引发了一个10万吨级别的原油储油罐发生大面积漏油和燃烧。最致命的是,港口的油罐分布密集,每一个之间的距离仅一二十米,随时可能发生"火烧连营"的情况，一旦所有储油罐都燃烧甚至爆炸，其威力堪比20颗原子弹。最终调动了200多辆消防车，动用了2000多名消防员，用光了全市所有的灭火剂和泡沫，最终又紧急从隔壁市空运了400多吨泡沫，耗时15个小时，才最终将火全部扑灭。很难想象在报道的背后还存在着多少感人的故事。

是的，灭火电影无非就是灭火，可灭火的背后牵挂着的是数以万家的心。生命是脆弱的，是仅有的，我们不知道是否有来生，能否有来世。在熊熊烈火面前，消防队员们逆行而上，他们的身躯是这个世界上最靓丽的风景线。

哪有什么岁月静好，只不过是有人在替我们负重前行。他们的笑融化在夕阳里，那落日的黄昏久久不肯褪去；他们的泪融在大海里，浪花带不走的是我们的念意；他们不会老去，我在心中腾了个地，把那些故事永远留存心底。

《湄公河行动》影评——从来没有什么岁月静好，只是有人替我们负重前行

《湄公河行动》这部电影于2016年为中国电影市场注入一股强有力的力量，以2011年10月5日中国船员金三角遇害事件真事改编的电影搬上大荧幕，作为一个普通观众，我无法对影片的技术层面作出分析，但当极具冲击力的暴力镜头与紧张刺激的追逐打斗交替上演，斑驳陆离的光影变幻下是观众紧张的内心与主人公每次与贩毒集团斗智斗勇的心惊胆战，彭于晏与张涵予的硬汉形象深入人心，让我看到扬起的是英雄旗帜，看着他们，你会发觉，这才是男人该有的模样。这一切唤醒的是熊熊燃烧的赤子之魂，最后《湄公河行动》还给了世界一个真相，还给13名船员一句清白，还给中国政府一个交代，还给中国全国人民一分力量。这份力量证明：不管你在哪里，祖国都会为你争取公道！正是有了这力量让外国匪徒见识了我国不可欺的威严，正是有了这力量才谱写了一曲英雄的赞美之歌。

罂粟很美，也很毒。而罂粟，毒品，金三角，这三个词联系在一起，

是可怕的，但比这更可怕的是人心，是像大毒枭糯卡一样破坏人民幸福，谋害人民性命的恶魔，他们丧尽天良，以砍断农民双臂或身体其他部位为要挟逼迫当地农民去种植罂粟；他们玩弄枪支，占山为王，纯洁无瑕的孩子本是祖国的花朵，却从小被锻炼成没有感情的杀人机器，本应天真无邪的眼睛里充满冷漠和麻木，他们军工勾结，无法无天，陷害无辜良民，实在可恨。

　　从剧中方新武的口中我们听得出来，糯卡行动十分谨慎，基本没有机会见到他，更没有机会看清他的真实面容，而且糯卡集团周密部署，这样一来警方根本没法正面接触他们。最后只好从地理位置上分析出，糯卡潜伏在的金三角发展特区山脉里，就在泰国、老挝、缅甸三国的交界处，由于地理原因执法困难，造成贪污腐败严重，最后成为犯罪者的"天堂"。

　　情之所系，民之所望，职责所系，国之所需，危难时刻显身手，斗争是残酷的，破案是艰辛的，情景是惨烈的。高刚和他的战友们临危受命，挺身而出，还13名船员一个清白，为13亿人民抚慰心灵创伤，为国家民族捍卫尊严，他们勇担大责，勇往直前；他们为国牺牲，义不容辞；他们迈出国门，跨境作战，深入毒窟，直捣黄龙——"犯我中华者，虽远必诛"，在查明事实真相后，剿杀毒品大鳄后，中国的缉毒警察们走了一条很深很远的路。他们不知道路的尽头是什么，也不知道明天是否还能看到升起的太阳。

　　正所谓哪有什么岁月静好，只是有人替我们负重前行，只是因为在我们看不见的地方，有人为了替我们挡住腥风血雨付出了生命。所以请珍爱生命，远离毒品。"湄公河惨案"爆发，在我国中央领导的高度重视下，公安部第一时间抽调精兵强将，上演了这场世界瞩目的跨国追凶；阴谋得以揭秘，真凶得以伏法，是因为我国缉毒警察们深入毒窟，直捣黄龙，是因为我国缉毒警察们以爱国为己任，甘愿赴死。我们身后有我们的祖国，我们身后有奋战在前的英雄，就是他们的伟大，铸就了我们的平安。

　　奋战在"湄公河惨案"前线的是英勇的缉毒英雄，奋战在"凉山大火"中的是无畏的救火英雄，他们是平凡的中国人，但他们更是最美的逆行者，祖国的捍卫者，中国公民的守卫者。愿所有的逆行者永不孤单，愿所有的英雄被永远铭记。

用艺术诠释中国正义——评电影《湄公河行动》

　　春城万众惩奸顽，不让毒源任蔓延。卅五黑心沉罪海，万粒魔物化浓烟。城乡共愤觅踪影，日月同光暴恶衍。三禁展开持久战，金秋云岭凯歌连。

——题记

　　"英雄"这个充满传奇色彩的词往往肩负着社会正义的价值取向，体现着一个国家和民族主流的意识、价值和精神气质。古有民族英雄林则徐"吐气虎门壮举，还我民族邦固"的硝烟青史，今有中国缉毒英雄赤胆忠坚智破"10·5案件"。古往今来英雄的存在对于一个国家和民族产生着潜在的影响，不仅为人们带来安全感，更满足了人们在心理上对于英雄人物的追寻。

　　电影《湄公河行动》演绎的就是中国缉毒警察的故事：为彻查"10·5中国船员金三角遇害事件"，中国警方派出案件特别行动小组，以高刚为队长，潜入金三角查明真相，揪出幕后黑手。影片切入点清晰，能引起中国大众的共鸣——破案过程和抓捕行动人物众多，信息量大。电影人物如：高刚，拥有多年侦查经验，成熟老练，勇猛果敢，处变不惊，孤身一人深入虎穴，不达目的不罢休；方新武，中国缉毒情报员，常年混迹于金三角地带，为人机警敏捷，身手不凡，能随机应变，对当地情况非常熟悉，在最后的危急关头，冲锋陷阵、临危不惧……短短的140分钟时间内，观众从全程密集火爆的动作片段中感受到了中国公安干警的专业、勇敢、团结与崇高的价值信仰。

　　区别于同类型电影，影片突出侦破案件过程和抓捕行动，相对于表现结果的同题材电影更能吸引年轻观众。据了解在中国电影资料馆的中国电影观众满意度调查中，《湄公河行动》是2016国庆档上映的多部影片中获得综合满意度最高的，这也说明了用大数据显示主旋律的影片也可以拍得好看。事实上《湄公河行动》不是最早诠释中国主旋律的电影，2014年岁末上映的红色经典《智取威虎山》和2015年上映的军旅电影《战狼》都是主旋律电影商业化拍摄的成功之作。这些影片以其成功的市场路径探索了国产主旋律电影，逐渐形成一种区别于好莱坞主旋律——"个人英雄主义"电影的独特主流商业片拍摄手法，打通了横亘在主旋律电影和年轻观众之间的那道墙。

与《智取威虎山》《战狼》相比，《湄公河行动》所展现出来的细节真实性是前两部无可比肩的！在细节与人物上导演林超贤借鉴了好莱坞传统模式——将亲情与爱情融入英雄使命中，令英雄人物设置不再是"高大上"的政治模式。丰满而深入的人物形象，细节铺陈的悬念和紧张的情节共同构成一个立体、感人的荧幕故事，且丝毫没有减弱其中所要诠释的中国正义。中国缉毒警察的英雄形象与保卫人民生命财产安全和国家主权紧密联系，在荧幕中大放光彩！

《湄公河行动》用艺术诠释了中国正义告诉人们学会用正义和法律来杀死心中的邪念。让我们向中国缉毒警察致敬！向为这部电影默默付出的表演者们致敬！

别具匠心的灾难片——中国机长

《中国机长》是由刘伟强执导，张涵予、欧豪、杜江等众多演员领衔主演的剧情传记灾难片。该片根据2018年5月14日四川航空3U8633航班机组成功处置特情真实事件改编，讲述了"中国民航英雄机组"在遭遇极端险情后成功备降的传奇故事。

影片一开始，以温馨宁静的曲调将我们的情感带入，去体验每一个机务人员普通而又平凡的日常生活。随后，镜头拉到了机长刘长健的家中，对刘长健在洗澡时训练憋气进行特写，这也为后来刘机长在缺氧低压的环境下能够临危不乱、有条不紊地控制飞行做了铺垫。在女儿的熟睡中，他离开前往工作岗位，与此同时，其他的18位机务人员也分别带着各自最亲密的人的美好祝愿前往机场：在爱情蜜罐里发芽的乘务员周雅文在乘务长毕男欣慰的注视下与男友分别，看起来吊儿郎当的副机长徐奕辰一心想要搭讪单身美女乘务员黄佳，一切看起来都是那样的幸福美好，未来的大风大浪在此刻也是一切难料。随着音乐节奏的变快，机场的工作也渐渐步入正轨，大家热情地开启了一天的生活。

　　导演将飞行前的画面设计得温馨中带点欢快，欢快而不失严谨，让观众对这样宁静祥和的生活加深印象，前后强烈对比相互照应，才有了遇难之后人们对美好的平凡生活的更加珍惜，更加突出人们对后者的向往，以此体现出生命的可贵，活着的美好。

　　当镜头切换到正在作业的飞机时，驾驶舱的三人先是嬉皮笑语，分别说了工作结束后的安排。一开始，机长用他一张成日板着的脸表示对副驾的怀疑，他不太相信这个正意气风发的少年能严谨认真不出错地处理好每一件事。直到此刻，观众们对这个副驾飞行员的印象还是"不太靠谱儿"，但后来遇难后的徐奕辰却挑战了人体极限做到了有效控制驾驶室，这也是本片一大反转点。我个人认为，欧豪的演技真的很打动我，当飞机失事时，他迅速调整状态，和机长完美协调与配合，临危不乱地处理好一个又一个问题。特别是当驾驶舱右座前风挡玻璃破裂脱落之时，座舱释压，徐奕辰整个人被超大的吸力吸出窗口，靠着安全带的作用，在那样高速低压且缺氧的环境下，愣是在飞机外"挂"了好久，饰演徐奕辰的欧豪，将这个角色的人物性格进行了生动的演绎，并将该副机长（原人物）当时的处理方式表现得淋漓尽致，我自认为这一段是该影片中最为精彩且最能打动我的地方，包括当时他脸上和手臂上因外界压力造成的充血和伤痕，一下就将我拉入当时的场景之中，去感受他当时的痛苦。在飞机逐渐平稳后，徐奕辰被拉回驾驶舱内，但此时的空难还未结束，他还必须配合机长完成一系列飞行操作，此时的他颤抖着双手，在挑战了人体极限之后的他，若不是靠着最后一丝信念，最后一丝对工作认真负责的态度，是无法撑住在这样恶劣的环境下带来的身体不适的。看到这里，让我们不禁对这些坚守岗位的人们产生由衷的敬畏。

　　该片最大的亮点，就是通过真实事件使人们从心底产生最真情实意的情感，通过惊心触目的场景，使每个人的内心引起共鸣，真实而又充满启发。

　　影片最精彩的部分，是处置险情的过程。刘机长沉着冷静地操控，第二机长与副驾驶在一旁密切配合，在上有电闪雷鸣，下有雪山高峰的情况下，突破一道又一道难关。后舱因为有了乘务长和各乘务人员的带领，在大家的冷静配合下，无人员遇难。后有心理专家表示，在当时那样恶劣的环境且飞机已受损的情况下，刘机长有36次犯错的机会，但他一次也没有犯，说明每一次的错误都是致命的。他板着的脸，包含着他的严谨认真，包含着他的为人处世小心翼翼，正是这份严谨，才有了后来他的临危不乱。

影片的最后，机组成员专业、正确地实施特情处置，在民航各部门的配合下，飞机成功备降，飞机上所有人都安全着陆，成为世界航空史上的一个奇迹。其实，中国民航百万小时重大事故率十年滚动值为世界平均指标的十分之一，安全水平稳居世界前列。但尽管在这样安全的环境下生存，我们依然要敬畏生命，好好享受生命之中的每一天美好，同时，也不忘敬畏职责，做好自己的本职工作，本着负责到底的心态，完成好每一天的工作。

此次拍摄，导演将事件高度还原，就连一百多位群演也将当时的场景演绎得栩栩如生，有遇险后着急的，有抱着孩子祈祷的，有因后悔离家而痛苦的……这些群演为整个电影拍摄锦上添花，使得整部影片更具生动性。该团队为了做到电影还原最大化，需要面临许多技术和拍摄上的困难。为了模拟遇险时的晃感和震感，导演联系了西安一家为民航提供服务的工厂，耗资3000多万一比一复刻了当时的那架飞机，对技术方面的庞大投资也是这部电影能够成功的原因之一。拍摄方面，演员们也做出了巨大贡献，为了拍摄这部电影，刘长健的扮演者张涵予在经过了长期培训后，甚至都可以拿飞行执照开波音飞机了，而欧豪在拍摄"被吸出窗外"的场景时，不仅衣服全都被撕碎，还弄伤了脸。演员们的敬业同样也是这部电影成功的加分项。

这部片子，让每个观众对生命有了新的认识，对职责有了进一步的敬畏，同时，也由衷地敬佩那些在公共岗位上的平民英雄们。总的来说，这是一部男女老少皆宜且值得付出时间去观赏的好片子。

五、信息资源检索类活动

图书馆举办首届电子资源宣传日活动

12月3日上午由图书馆举办的首届电子资源宣传日活动在乐善食堂广场火热进行。此次活动是为了提高我校师生对各类电子资源的了解和认识，推广和促进电子资源、资源平台及相关App的普及和应用，进一步了解广大师生对电子资源的需求，提高电子资源的利用率而举办的。

本次活动邀请了同方知网（北京）技术有限公司广西分公司、北京世纪超星信息技术发展有限责任公司（广西分公司）、人大数媒科技（北京）有限公司、重庆维普资讯有限公司等11家公司，还有图书馆全体馆员共同为我校师生开展电子资源基本情况及使用方法的现场宣讲，回答师生在利用电子资源数据库中遇到的各种问题，如知网研学平台的应用、移动图书馆的注册及使用、OPAC系统的实际操作等，各数据库厂商在活动现场向师生发放了大量宣传资料，解答同学们咨询的问题，进行互动，开展问卷调查，宣传活动吸引了大量师生前来参与。

图书馆首届电子资源宣传日活动的顺利举办，是图书馆积极开展阅读推广，普及学习应用，提高资源利用率的积极尝试。活动不仅提高了读者对数据库资源的关注度，促进了资源利用，也能帮助更多的老师和同学有效利用图书馆的学习和科研资源，使图书馆的纸质和数字文献资源为学校的教育教学工作发挥更大作用。

祝芸芸副校长到活动现场指导工作

电子资源推介现场

活动现场

第四章　应用型高校阅读学分制的反思与讨论

第一节　高校阅读学分制在实施过程中的困境

当前高校阅读学分制推广大体上是积极稳定的，但不可否认仍存在一些问题。针对这些问题，找出其产生的原因是必要的。笔者从个人、学校、社会、家庭四方面来寻找产生问题的原因。

一、学生未能充分发挥个人主观能动性

课外阅读最重要的是要发挥个人的主动性。但现实是很多大学生的闲暇时间被各种社交活动侵占，即使有时间也很少用来课外阅读，部分学生未养成主动阅读的习惯，就业压力导致课外阅读的功利性增强。

（一）学习和娱乐休闲挤占了课外阅读时间

首先是专业学习压力较大。在调查中发现，1/3的学生认为课外阅读量少的原因是学习就业压力大。大学阶段专业知识的学习依旧是首位的。大学生往往一周要上30个小时的课程，低年级甚至更多，课程进度快，知识容量大，需要学生在课余时间进行巩固学习，这就挤用了课外阅读的时间；其次是不能合理安排课余时间。很多学生缺乏时间意识，不会合理利用时间。在调查中发现，超过七成的学生认为各种社交活动侵占了大部分课外时间。在进入大学后，学生的关注点不再只是学习，他们或是参加各种社团和学生组织，或是聚在一起闲聊、逛街，留给课外阅读的时间少之又少。即使有些学生制订了课外阅读计划，也因不能持之以恒而半途而废。

（二）部分学生未养成主动阅读的习惯

学生在进入大学之前基本上都在家长和老师的监督下学习，是一种被动的学习状态，学生根本没有时间去看"闲书"，自然无法养成主动进行课外阅读的习惯。即使有学生想要进行课外阅读，也会被家长和老师视为浪费时间而加以阻挠，便形成了学生"先天不足"的缺陷。在进入大学之后，学生完全脱离家庭和老师的管理，开始走向独立，许多事情都要自己独立判断，学习和阅读都需要自主安排。但是许多学生没有做好准备，在经历一段时间的大学生活后，就会感到茫然失措，不知道如何去主动阅读。

（3）就业压力导致部分学生课外阅读功利化

在市场经济大潮中，实行优胜劣汰、双向选择，就业形势越来越严峻。为了在就业中增强自身实力和竞争力，获得更好的就业机会，大学生早早地走出"象牙塔"。许多学生把"一张文凭、多张证书"作为奋斗目标，热衷于各种考证，如计算机考试、英语等级考试、会计考试、司法考试等，考研近几年也成为许多毕业生的选择，这就使得课外阅读日益功利化。另外，急功近利和浮躁心态的滋生也对大学生的心理造了冲击，导致大学生阅读目的性很强，只愿意选择可带来实际利益的书，那些无法与"功利"直接快速挂钩的书，则被束之高阁。

二、学校未能营造良好的阅读环境

学校是学生生活学习的主要场所，校园氛围的好坏对学生有潜移默化的影响。在调查中发现，学校仍存在一些问题，导致校园阅读氛围不够浓厚。具体如下：

（一）图书馆馆藏有限且引导服务不到位

首先，馆藏纸质资源不能完全满足学生需要。图书馆作为图书借阅的主要场所，应该提供优质、丰富的馆藏资源。在调查中发现，图书馆依旧是学生获取课外阅读资源的最主要来源，但是图书馆馆藏不能完全满足学生的需要。在调查中，被问到"学校图书馆的资源是否能够满足你的课外阅读需求"时，14.22%的学生表示可以满足，而47.06%表示基本满足，还有38.71%表示不太能满足。在访谈中了解到，图书馆馆藏虽然总量巨大，但是存在图书破旧、版本比较陈旧，存在借阅权限等问题。还有学生指出部分图书的复本量不够。如：某大一男生说："有时候老师会推荐读一些书，但是很多图书馆都没有，只能自己买。有些书年代比较久远，版本比较旧。"某大三女生说："我的专业是汉语国际教育，二外是德语。图书馆文学类和英语类的书还是比较多的，但是关于汉语国际教育和德语的专业书籍不是特别全，有些只能自己买。"其次，阅读服务有待提高。图书馆工作人员应该以热情的态度为学生服务。在调查中，问到"学校图书馆工作人员的服务如何"时，20.96%的学生认为让人很满意，62.28%认为服务一般，11.13%认为不太好，5.63%认为服务较差。图书馆工作人员的服务总体上是让人满意的，但是仍存在一些问题。在访谈中，学生提到自己的经历，个别工作人员态度非常不好，爱理不理，对于问题也不能耐心解答。

（二）阅读引导工作有待加强

第一，缺乏课外阅读指导。现代社会，知识的无限爆炸与个人时间、能力的有限之间的矛盾日益突出，课外阅读指导的作用日益凸显。调查显示，近六成（56.65%）的学生表示需要图书馆提供课外阅读指导，其中，低年级对课外阅读指导的需求大于高年级，高达62.67%。在访谈中也发现，很多学生虽然渴望读书，但面对众多资源无从下手，不知如何选择，缺乏鉴别能力，只能是随意选择、泛泛而读。长此以往，即便在课外阅读上投入了大量时间，也不能取得理想的效果。如：某一年级女生说："我想要在大学阶段多读些书，但是图书馆的书实在是太多了，具体不知道应该怎么选择，只能自己随便找书读。如果有人给些意见就好了。"某大二男生说："二年级专业课多了，因此需要专业课的相关图书去充实所学内容，但是同类型的书很多，不知道怎么选择。"第二，阅读推广工作有待改进。阅读推广可以起到宣传图书馆、培养学生阅读意识的作用。在调查中，在问到"图书馆开展的阅读活动多吗"时，有11.81%的学生认为活动丰富，30.61%认为几乎没有，19.79%表示不太了解。其中高年级学生超六成表示对图书馆活动不太了解。尽管近年来许多高校图书馆组织开展了各种形式的阅读推广活动，但是与读者沟通交流不足，只依靠经验做事，导致活动的参与者较少，实际成效与预期存在差距。各高校图书馆开展的阅读推广活动数量很多，但形式相似，基本上都是讲座、演讲、竞赛等，雷同率较高。因此总体来说，高校图书馆阅读推广活动创新性不足，形式单一，内容乏味，缺乏吸引力。

（三）课程设置与考核制度不完善

首先，课外阅读课程设置流于形式。国外许多高校都开设专门课程来指导学生阅读，他们开设的必修通识课程中经典名著的阅读占多数。甘阳教授指出："美国学生在大一、大二阶段就开始读大量原著。一个大学生每周课程要求的课外阅读量大约在500—800页，而我们这里的大学生每周阅读量可能不到100页。国内大学生的阅读能力低得惊人。"他还指出让人感到不可思议的是，不少北京大学、清华大学等名校的中文系学生在本科甚至硕士的课程结束之后，还没有完整地读过一本原著。这就说明国内高校课程设置上存在缺陷。不少高校把英语成绩定为大学生领取学位证的必要条件，而对人文学科却不重视。即便高校开设了课外阅读课程，其所占的比重与专业类课程相比仍然比较小；且教学方式仍以传统灌输为主，师生间缺乏充分沟通和广泛对话；对学生的考核也只是期末的一篇课程论文，对提高学生的人文素养并没有很多帮助。其次，未将系统指导学生阅读制度化。教务部门未将指导学生系统阅读制度化，未将其列为教师的教学内容，因此不属于教师的业务考核范围。对教师来说，利用课外时间指导学生系统读书并不是非做不可的事，是否实施只能依靠教师个人的意愿。这也就导致部分学生抗拒老师的课外阅读指导，认为是多此一举，浪费时间。

（四）课外阅读活动存在诸多不足

首先，课外阅读活动较少且问题多。学校虽然开展了课外阅读活动，但是存在一些问题导致活动效果不明显。高校课外阅读活动的问题主要包括：第一，总体数量偏少。很多高校都开展课外阅读活动，但其数量与庞大的学生基数不相符，一所大学有几万名学生，但活动和组织是有限的，不能够容纳所有的学生。总体上看，课外阅读活动远远没有达到普及的程度。由于数量偏少，覆盖和吸纳的学生总量不大，在高校仍属于小众存在。在调查中，当问到"学校（或学院）经常开展课外阅读活动吗"时，10.33%的学生选择了经常开展，50.71%选择了偶尔开展，13.11%选择了没有，25.85%选择了不太清楚。第二，质量良莠不齐。各高校都有举办阅读活动，但由于自身定位与宗旨不清晰、认知有偏差，在形式与内容方面千篇一律，创新不足，导致吸引力不够，大多数不能给人深刻印象。水准较高、吸引力较强的课外阅读活动凤毛麟角。在访谈中也了解到，学校（或学院）开展的课外阅读活动，往往活动大同小异，形式单一，创新性不够，不够吸引人。如：某大二男生说："学校或者学院有时候会搞些活动，但是活动搞来搞去就是征文比赛、演讲比赛，没有新意，让人提不起兴趣。"第三，持续性不够。目前各高校几乎都举办"读书节"、图书漂流、推荐阅读书目、邀请名人到校售书等活动，这些推广活动对提高学生的课外阅读兴趣起到了一定的作用，但是，这些活动往往是阶段性的，每年就只有一两次，活动结束之后，学生的阅读热情就会消退，对提高学生的总体素养收效甚微。第四，宣传不到位。很多课外阅读活动花费大量人力、财力策划，但对活动的宣传不够，导致活动流于形式，低于预期结果。其次，课外阅读类社团建设不够完善。当问到"学校有关课外阅读的社团多吗"时，13.98%和30.24%的学生选择了数量很多和数量一般，19.79%选择了几乎没有，另外有35.99%选择了不太了解。在访谈中，学生提到相关社团的数量有限，管理不够规范，社团活动较少等问题。如：某大二女生说："我是学文学的，很喜欢写作，之前参加了一个社团，但是后来发现很涣散，没有制度对社员的行为进行约束，想参加就参加，有事就不参加，每次活动的效果都不好，我后来就退出了。"社团建设问题主要包括：第一，数量和质量不能得到保证。课外阅读相对于其他，比较枯燥，因此相关社团数量不多。另外学生限于时间、人员、资金、能力等，组织的活动质量也是良莠不齐，真正可以持续开展有意义活动的社团实属少数。有的社团几乎不举办什么活动，形同虚设。第二，管理不够规范。社团是由学生自发组织管理的，都是秉持自愿原则，形态上相对松散，缺少组织管理的整体架构和规章制度，根本没有约束力可言，造成了表面上的热闹与实际效果的反差。大学生的自制能力偏弱，一旦缺乏必要的约束，就会放任、散漫，最后的结果就是社团流于形式，名存实亡。

（五）教师未能充分发挥引领作用

首先，教师很少向学生推荐书目。教师与学生接触最多，是高校阅读学分制的引导者，可以充分利用这一优势向学生推荐优秀作品，尤其是思想政治教育理论课教师。当问到"老师是否会向学生推荐好的课外读物"时，39.58%的学生选择了经常推荐，47.99%选择了很少推荐，12.43%选择了从没推荐。近四成的老师会经常向学生推荐好的读物，但仍有六成老师很少推荐或从未推荐过。在访谈中了解到，部分教师会向学生推荐书目，但是对于学生是否完成没有继续监督，大部分学生还是希望老师能够推荐优秀的书目并且监督完成情况。如某一大男生说："我想读书，但是自制力比较差，希望老师能够用一些强制手段给我些压力，督促我去读书。"其次，社会环境的变化给教师带来挑战。当前社会大环境较复杂，传统文化与现代文化、东方文化与西方文化并存，学生的价值取向趋于多元化，加上学生阅读方式的变革，都给教师的阅读指导工作带来一些新的挑战，如少数教师对网络鲜有关注，导致和学生的沟通交流不畅。另外由于学生数量多，教师精力有限，不能做到逐一指导，因材施教。

三、社会未能给予充分的关注

整个社会大环境对学生的课外阅读有重要影响。浓厚的社会阅读氛围可以在潜移默化中起导向作用。

（一）社会阅读氛围不浓厚

浓厚的阅读氛围可以让学生自觉跟随社会潮流，主动进行课外阅读。在调查中，当问到"当前整个社会的课外阅读氛围浓厚吗"时，1.67%和12.49%的学生分别选择了非常浓厚和比较浓厚，47.06%和33.27%分别选择了氛围一般和缺乏阅读氛围，5.5%选择了不了解。超过三成的学生认为社会课外阅读氛围缺乏，近五成的学生认为社会阅读氛围一般，这说明整个社会的阅读氛围不够浓厚，有待改善。

（二）缺乏相关政策支持

首先，相应的政策是倡导全民阅读的有力保障。政策的制定可以调动政府、企业、民间组织等社会各方力量，还可以取得民众的重视和支持，但目前相应的政策还比较缺乏。其次，我国虽然制定了阅读推广政策，但指导文件往往以通知形式下发，没有具体的行动指导，也缺少活动后的经验交流，致使成功的阅读推广活动往往在短暂的热潮之后就陷入冰封状态，也不利于成功经验的分享，不能达到预期效果。

（三）公共阅读资源匮乏且活动欠缺特色

目前，我国公共图书资源相对比较匮乏。在调查中，当问到"社会上的阅读资源如何"时，48.55%和33.27%的学生选择了阅读资源一般和阅读资源缺乏，9.65%选择了不太了解，只有8.53%选择了社会资源非常丰富。超过1/3的学生认为社会阅读资源匮乏，近半数认为社会阅读资源一般。公共图书资源匮乏具体表现如下：第一，公共图书馆数量有限且分布不均。在公共资源方面，尤其是公共图书馆资源方面，与世界主要发达国家相比，我国明显还处于劣势。我国公共图书馆无论是数量、藏书量，还是地理分布、从业人员都与庞大的人口总数不成比例。第二，公共图书馆的社会认知度不高。社会认知度不高导致其利用率较低。与国外相比，我国在培养学生利用图书馆方面很欠缺，很多学生缺乏利用公共图书馆资源的意识，即便身边有，也很少主动利用，加上长期以来公共图书馆数量较少，覆盖率不高，大多数人很少有机会接触公共图书馆，导致大量优秀资源的浪费。此外，还存在阅读活动缺乏特色的问题。公共图书馆举办的阅读活动虽然很多，却大都形式有限，多数是书展、免费赠书、图书漂流等类型的活动，忽略人们的现实需要，不能提供针对性服务。因此出现的阅读活动大都相似，人们容易产生审美疲劳，另外活动结束后，人们的阅读热情便消解，活动效果具有短暂性。

四、家长未能做好子女的阅读教育工作

家庭在一个人的成长过程中起着重要作用，但是部分家长并没有意识

到家庭环境和家长对子女阅读习惯养成的作用，没有做好子女的阅读教育工作。

（一）部分家长对课外阅读的认识存在误区

首先，部分家长未认识到课外阅读的重要性。为了不让孩子输在起跑线上，部分家长过于重视成绩，忽略了课外阅读的真正意义，宁愿让孩子多做几道题，也不让孩子读"闲书"，认为是浪费时间。其实这种想法是错误的，孩子的学习成绩与课外阅读是紧密相关的，广泛的课外阅读可以帮助孩子提高学习成绩。辛辛那提儿童医院的TzipiHorowitz-Kraus说，孩子在0-6岁的时候，大脑在飞速发展，所以读书越多，孩子关于社交和学习能力的脑神经网络就越发达，孩子的未来就越好。因此，家庭阅读教育对孩子的成长成才作用是举足轻重的。其次，部分家长急于求成。"望子成龙、望女成凤"是家长的美好愿望，其本身无对错之分，但是部分家长变"望子成龙"为"逼子成龙"，急于求成，拔苗助长，或是一味追求实用主义，或是把阅读当作任务，便消解了孩子的阅读兴趣。第一，存在实用主义倾向。部分家长把课外阅读等同于识字，强调阅读是获取知识和信息的工具，过于追求显性的成就，忽视了对子女整体阅读能力和兴趣的培养，导致子女不能体会到阅读的乐趣，进而产生厌烦情绪。第二，有的家长在阅读教育中易走向极端，牺牲孩子的休闲娱乐时间，给孩子布置阅读任务，长此以往，孩子就会对阅读产生厌倦情绪。部分家长全权包办。部分家长认为孩子年龄小，缺乏辨别能力，便全权包办子女阅读问题。读什么书，怎么读，什么时候读，全是家长做决定，子女完全没有自主选择权。

（二）缺乏良好的家庭阅读环境和亲子间的互动

很多家长意识到课外阅读的重要性，也愿意陪伴孩子阅读，但是由于工作繁忙、精力有限，很难再有时间和精力关注孩子的课外阅读，心有余而力不足。

第二节　高校阅读学分制的建议与思考

一、关于高校阅读学分制的建议

由上可见，阅读学分制度仍处于摸索阶段。阅读学分制归根结底是为了提升学生阅读素养，培养学生阅读习惯，是阅读教育的一部分。为了促进阅读学分制的科学发展，发挥其成效，可采取下列措施：

（一）将阅读学分制作为鼓励性而非强制性制度

是否将阅读学分与学生毕业挂钩，各高校有两种思路：一是建立必读书制度，将阅读学分设为学生毕业的必要条件，更能彰显出阅读的重要性，培育校园阅读氛围。然而，强制性阅读容易招致学生逆反心理，不易发掘阅读兴趣，反而可能导致学生为修满学分而进行功利性阅读，使阅读学分制流于形式。二是阅读学分作为自主学习学分或创新学分的一部分，不作为毕业的强制条件，更符合学分制建设的自主性原则。因而，将阅读学分制作为鼓励性制度，更能发掘那些对阅读真正有兴趣的学生，也让学生发掘自身的阅读潜能，引导学生形成阅读习惯。

（二）由图书馆发起，保持阅读学分制的完整性和独立性

学分制建设牵涉到高校各部门的配合，通常由教务部门统筹，各二级学院和系部在学分制框架下开设课程并制定课程制度。当前，不少高校的学生管理部门、教务部门，甚至二级学院在设计素质拓展、通识教育等课程时，都将阅读课程纳入其中，高校对于学生阅读教育的重视程度可见一斑。长期以来，图书馆作为教学辅助部门，较少参与到学分制建设中，因而在进行学分制改革时，高校管理部门往往忽略了图书馆的能动作用。然而，阅读学分制是阅读推广的重要方式，最适合由图书馆发起并设计一套独立的针对阅读的学分奖励制度，学生事务管理部门负责组织学生，教务处最后认定学分，使阅读学分不受制于其他课程框架，有利于阅读学分制度的规范性和专业性发展。此外，无论是书目选定，还是设计制度框架，

图书馆都需要争取相关部门与二级学院的合作，让阅读成为学分制的一部分，减少学分管理和阅读推广活动的随意性，增强权威性，让阅读教育融入高校的学分制建设中。

（三）多种考核办法结合，科学管理学分

考核办法某种程度上影响阅读学分制的方向和成效。考核学生阅读指定书目并提交读书笔记，是促进学生阅读量的最直接有效的方式之一。适合引导学生在精力有限的情况下进行经典阅读和专业阅读。图书馆可利用自身优势，在经典书目的甄选上提出建议，联合二级学院或专业负责人共同制定适合不同学科的专业书目。对学生参与阅读推广活动的次数进行考核，既让学生有更多自主性，选择感兴趣的内容和形式，引导学生针对阅读内容互相交流，彼此分享，感受阅读的乐趣，同时能够为图书馆活动增加人气。图书馆在设计多种形式阅读推广活动吸引学生参与的同时，也应注意切勿过度娱乐化，让阅读教育流于表面。以上考核方式如结合运用得宜，可形成"阅读+讨论+报告"的教学模式，对学生的阅读进行全方位引导，达成阅读教育的初衷。对学生在馆学习时间和借阅量进行测量，能进一步提高学生阅读量，提升图书馆上座率，但学生的阅读效果却难以检测，容易导致学生为取得学分，功利性地追求在馆时间和借阅数量。因此，这一考核方式可作为一种补充，对选课学生利用图书馆的时间和图书借阅量作出规定，作为阅读学分选修课的门槛。至于对阅读学分进行认定的其他有效方式，杨庆书通过对海南职业技术学院、海南政法职业学院、海南经贸职业技术学院三所高职院校的调查，发现超过半数的学生认为应该通过读书活动中完成的学习成果数量和质量来认定，其次是参与读书活动的次数、时长、完成读书任务的情况，以及获奖等次，然而数量、次数、时长容易计算，质量、效果却难以评估。对于经典书目的阅读，可尝试采用传统的测试方式进行考核，将经典书目的内容精选提炼，利用标准题型，检验学生是否对经典图书进行了认真通读，并有一定程度的掌握。由于阅读学分课程通常以非传统授课形式存在，学生一般不组织集中授课，而是线上选课，线下自主学习，测试也可通过在线方式进行，由联合制定书目的部门和教师开发题库，通过网上考试平台组织学生测试。

（四）将阅读学分制作为阅读教育的一部分

高校阅读教育是一个体系，阅读学分制只是其中的一部分，高校应完善阅读教育体系，搭建阅读教育教学平台，建立阅读推广长效机制，将图书馆借阅服务、信息服务、学生社团组织、阅读推广活动等各种服务形式统一考虑，建立阅读学分、阅读积分等多种制度，开展读书会、沙龙、讲座等多种形式，制定学分奖励、积分奖励、借阅超期免罚等多种奖罚办法，使图书馆各种管理制度和办法更有的放矢，使各种资源与服务相互结合、紧密运作。同时，在阅读学分制建设过程中改善图书馆的服务与资源，在设计阅读学分的书目时，还要审视图书馆自身文献资源建设，完善经典书目和专业书目，改进馆藏结构。

阅读学分制既是阅读教育的一部分，也是高校学分制建设的一部分，需要图书馆发挥专业优势，积极主动设计科学可行的管理办法和流程。同时相关部门在政策上要给予支持，也需要与教学管理部门、学生事务部多方合作，通过阅读学分制实现阅读教育的初衷，以达到预期的效果。

二、关于阅读学分制的思考

高校阅读学分制的探索与实施仍在初期阶段，在未来的发展中不免会遇到荆棘与坎坷，但是在这个过程中，不能忘记阅读学分制的初衷与使命，因此在讨论阅读学分制之际，牢牢把握学生的阅读主动性才是推动阅读学分制的动力；学校还应在营造良好的阅读氛围方面更加努力；同时不能忽视社会和家庭在阅读推广方面的作用。

（一）学生增强阅读主动性是根本

阅读首先是个体行为，大学生应该从根本上认识到阅读的重要性，充分发挥个人的能动性，培养阅读兴趣，摆脱被动阅读；优化阅读结构，选择内容深刻的书籍；提高阅读能力；克服阅读的功利性；逐步摸索适合自己的阅读方法。

培养阅读兴趣。阅读兴趣广义上是指读者对整个阅读活动的喜爱程度，狭义上是指读者对某种类型作品的选择倾向。兴趣是最好的老师，是激发课外阅读不可或缺的动力因素。大学生只有培养浓厚的阅读兴趣，才能够变被动为主动，积极地投入到阅读中。大学生阅读兴趣的培养，首先，学生可以通过选读找准兴趣点，以点带面。学生是阅读的主体，应该在自由自主的环境中阅读自己喜欢的读物，进而扩展对其他类型读物的阅读兴趣。其次，教师在对学生进行引导时，应该给予学生充分自主选择权，才能让他们在阅读中享受乐趣，进而主动阅读。

完善阅读结构。大学生的阅读"偏食"现象严重，随意性较大，或根据兴趣而阅读，或为应对考试而阅读。阅读结构不合理，呈现出了重专业知识、重实践、重畅销、轻素质培养、轻理论、轻经典的倾向；低年级的阅读具有娱乐消遣的倾向，高年级学生具有实用功利化倾向，这样的阅读结构不利于大学生陶冶情操，促进自身全面发展。因此，大学生要学会博采众长，不断完善阅读结构：既要重视专业相关书籍的阅读，又不能忽略其他专业的书籍；既要广泛阅读理论书籍，又要多多涉猎实践书籍；既要阅读畅销书籍，又要兼顾经典名著；女生要多接触自然科学、人物传记励志类书籍，男生要多接触文学类、实用类书籍；低年级要多阅读专业相关书籍，高年级要多阅读经典名著、文学类等陶冶情操的书籍。

提升阅读内容层次。调查数据说明，大学生阅读趋于浅显化，热衷于消遣娱乐类、实用性强的书籍，对于经典名著和思想政治类却敬而远之。对此，大学生应该主动阅读内容深刻的书籍，尤其是经典名著和思想政治类图书。经典之所以成为经典，是因为浓缩了人类最美好的情感和语言，包含了人类最真挚的道理，它带领我们走进高尚，远离低俗，是因为经典本身是永恒的，具有深刻的意蕴，是人们不可或缺的精神食粮。休闲娱乐不是不可以阅读，但决不能成为我们阅读的主体。思想政治类书籍在提高学生的思想水平和道德观念等方面具有重要作用，可以帮助学生提高辨别是非的能力。

提高阅读能力。提高阅读能力，可以从提高选择能力、持续能力、思考能力三方面入手：

第一，提高选择能力。大学生要提高选择书籍和时间的能力。第一，提高选择书籍的能力。大学生要能够独立自主、有目的地选择书籍，会选择适合自己的课外读物。不仅要广泛涉猎，又要根据自己的专业、研究方向、未来规划有针对性地选择书籍。第二，会选择合适的时间。要利用课余的点滴时间来进行阅读，不要占用课堂时间进行阅读，每天多一点时间来阅读。

第二，增强持续能力。大学生要有自律能力，能够有规律地阅读。第一，要有规律性，切勿"三天打鱼，两天晒网"。要制订具体的阅读计划，并且保证尽力完成。不能只是想起来时才阅读。第二，阅读时要排除干扰、消除杂念，保持精神高度集中，这样才能提高阅读的效率。第三，阅读时要有自律能力。学会自我管理和约束，增强自身主动性，实现由"要我学"到"我要学"的转变。

第三，要有思考能力。大学生要有独立思考、刻苦钻研和敢于质疑的精神。首先，阅读时要能够独立思考。独立思考能力只有在不断地思考中才会形成。其次，要有质疑精神。在独立思考的基础上，要有质疑精神，做到破旧立新，把书读活。"尽信书不如无书"，遇到疑问，要敢于提出不一样的想法。再次，要有钻研精神。遇到不懂的，要有钻研精神，或查阅资料或请教别人，不能直接放弃。

克服阅读的功利性。功利性阅读，是指目的性强，以"实际利益"作为阅读的准则。功利性阅读能满足大学生利益的需求，但是学生往往体会不到乐趣，只是把它当作一项任务来完成。虽然这能在短期内让学生获得相应的知识，达到一定的目的，但并不利于大学生的长远发展。想要克服功利性阅读，可以从以下两个方面着手：

第一，保持良好的阅读心态。阅读心态是指阅读时的心理状态，良好的阅读心态是指阅读时能保持一种轻松自由，不受外部环境干扰的心理状态。保持良好的课外阅读心态，可以抵御来自外界的浮躁之风，把阅读当作一种生活方式，进行纯粹阅读。

第二，树立高尚的阅读目的。阅读的目的不仅仅是增长知识、拓宽视野，还在于"为求得理解而阅读"，以及帮助学生提高辨别是非和抵制错误思想的能力。

改进阅读方法。想要提高阅读的实效，就要讲究方法。大学生通过科学的阅读方法开展有目的、有计划、有步骤的阅读活动尤其重要，使用正确的阅读方法可以使学生在最短的时间内最好地完成阅读任务。改进阅读方法可以从以下几点入手：

第一，要勤记笔记。在阅读过程中，要做到不动笔墨不阅读，重要内容可以进行批注、摘录或写读后感，还要边阅读边思考。孔子曰："学而不思则罔"，在阅读过程中，要做到"眼到、手到、心到"，不能看过即过。

第二，制订阅读计划。凡事预则立，不预则废。阅读也是如此，想要提高效率，就要围绕目标制订详细的计划。要根据本人的专业水平、知识结构、兴趣爱好、阅读能力，确定读什么书，以及运用什么方法读。

第三，选择适合的阅读方式。阅读方式本身无对错之分，每一类型的书籍都有适合的阅读方式。根据书的类型不同选择适合的方式，可以节省时间，提高阅读效果。娱乐八卦可以选择标题式浏览；对于经典名著，应该精读，反复诵读。在媒介选择上，要合理利用各种阅读媒介。目前数字化阅读越来越成为大学生的倾向性选择，但不能丢掉传统纸质阅读，要与数字化阅读并重。

（二）学校营造良好的阅读氛围是关键

高校应重视大学生阅读问题，加大对此工作的引导和扶持力度，图书馆、教务部门、教师、相关社团都应该发挥自身优势，为提高学生阅读贡献自身力量。

丰富馆藏并优化引导服务工作。图书馆作为高校图书的集合地，担负着"为教学科研服务、传承人类优秀文化和促进学生全面发展"的多重使命，是大学生喜爱的阅读场所。为了充分发挥其教育职能和情报职能，图书馆要不断改善自身环境，创造浓厚的书香氛围，营造科学健康、人文创新、舒适安静的"绿色"阅读环境，引导大学生多阅读优秀作品，促进个人综合素养的提高。

打造全方位、立体化的图书资源库。图书馆应该有内容丰富、结构合理、载体多样的馆藏资源来为大学生阅读创造良好的条件。为此，图书馆应加强馆藏建设，提高整体质量，以此来提高大学生对图书馆的利用。具体包括：优化藏书结构，及时购买新书刊，对现有破旧图书进行修补；增加高借阅率图书的复本量；推荐优质书目，创建读后感微信留言平台；延长借阅期限，如2014年，中山大学打破了传统的"限时限量"借阅模式，推行"阅读无止境，借阅无限量"的模式。图书馆可以通过对图书借阅排行榜、学生成分、借阅书籍类型等进行分析，了解学生的阅读需求，以此作为购书的参考标准。要及时了解国内外图书的最新信息，及时购买内容健康、催人向上、符合学生需求的优秀书籍，还要兼顾专业图书和非专业图书、文科书籍和理科书籍的平衡。同时，随着科技的发展，要适应大学生阅读媒介的变化，注重线上资源的推送，丰富数据库文献。

经常进行阅读推广。图书馆的阅读推广是指利用自身资源，包括信息资源、设备设施、专业团队和社会关系等，鼓励学生成为图书馆的读者，并帮助其培养阅读兴趣、养成良好的习惯并提升其信息素养。课外阅读推广活动有利于增强大学生的阅读意识，提高图书的借阅率。图书馆可以从以下两方面开展阅读推广活动：首先，图书馆要积极开展多种形式的宣传工作。在电子产品盛行的今天，图书馆不再是大学生唯一的选择。为了提升自身竞争力，吸引更多的学生，图书馆要充分利用各种手段和途径进行宣传：

第一，制作宣传手册。图书馆可以通过宣传橱窗，详细介绍图书馆的部门设置及图书分布情况；或是向学生发放携带方便的宣传单或宣传册，让读者能够对图书馆情况有总体把握。

第二，做好新书、热门书籍推荐工作。可以按照专业对书籍分类，制作新书推介表，然后下发到各学院，还可以有针对性地对热门书籍进行点评。

第三，设立读书论坛。通过读书论坛，加强读者之间的互动交流，在交流中扩展读者的思维和视野，让阅读变得更为丰富和立体。

第四，推送优质图书。可以定期在微信公众号和微博上推送优秀图书书目，供学生选择性阅读。还要充分发动学生骨干的示范带动作用。阅读推广是一项需要长期持续开展的工作，不仅需要馆员的积极组织参与，更需要广大学生的积极参与与宣传。学生是校园中存在最为广泛、最具有活力的群体，学生与学生之间的示范带动作用尤为有效。图书馆要充分发动学生骨干力量，鼓励成立"图书馆学生管理委员会""读者俱乐部"等组织，让他们参与到推广活动中，发挥自身的示范作用，带动更多的同学加入阅读的队伍。

（三）开展多种教育引导活动

第一，强化新生入馆教育。图书馆是学校为学生提供精神食粮的重要基地，而在调查中发现，很大一部分同学对于如何通过图书馆获取资源信息不甚了解，这造成图书馆资源的极大浪费。许多学校在新生入学之际，图书馆会组织人员对新生开展"认识图书馆"的专题讲座，介绍图书馆机构构成及馆藏分布情况、索引文献资料的方法等，但是由于活动的时间太短，再者都是纸上谈兵，一些新生还没有真正了解图书馆馆藏分布情况，对于如何借阅和检索也是一知半解，只是"到馆一游"而已。图书馆必须加强新生入馆教育，丰富其内容，改良其方法，真正达到预期的目的，如可以延长参观图书馆的时间，并让学生亲身体验如何借阅图书、如何利用数据库检索文献。

第二，阶段性活动与日常活动相结合。图书馆可以举办图书漂流和读书周活动，还可以评选最美读者并进行宣传。除了上述的阶段性活动，还可以开展日常性活动，如开通微博微信与读者互动交流、开展读者倾听栏目等，以此来克服活动的间歇性带来的阅读热情的消退。目前已有部分高校图书馆成立并运作读书会，如华中科技大学图书馆读书会、同济大学开展的"立体阅读"等，在校园内引起了较大的反响。通过图书馆读书会的典范带动效应，可以带动校内师生自发举办读书会，进而逐渐将阅读活动发展为校园大众活动。

第三，完善学生导读工作。导读工作是在图书馆的文献资源和基础设施建设的基础上，通过特定工作方法，来提高读者阅读效果、选择和阅读文献的能力及利用文献资料的水平的一种行为过程。开展多种形式、生动活泼的大学生导读工作可以帮助学生消除阅读的盲目性，为学生的阅读指明方向，帮助他们少走弯路。图书馆可与各学科专业的教师加强联系，向各专业的任课老师征集所学课程的相关资料，再以馆藏为依据，分科系、专业编制参考书导读书目。在编制书目时，应该根据不同对象的不同特征有所区分。对于新生，可推荐关于大学生思想教育、心理调节、文学著作等方面的书目，帮助他们尽快适应大学生活。对于低年级学生，可推荐专业相关参考书和延伸课程书目。对于三年级学生，可推荐专业性、学术性强的书目，帮助他们提高专业素养。对于大四学生，可推荐论文写作、求职技巧类等书目，帮助他们撰写论文、掌握求职技巧。图书馆工作人员还可以借助多媒体网络，提供网上信息导航服务。

第四，引导读者利用数据库文献资源。高校图书馆每年都会投入大量经费购买各类电子文献资源，但电子文献的利用率不尽人意，很多学生不知道数据库的具体使用流程，不了解如何准确查找所需资源，因此图书馆要引导读者使用数据库文献资源。学校可以开设文献检索的必修课，指导学生科学高效地寻找目标文献，并进行考核。图书馆工作人员可以制作电子文献使用指南，为读者介绍数据库的检索方法。还可以有针对性地为高年级学生进行数据库搜索方法和技巧的辅导。

建立完备的读者反馈机制。建立专门的读者反馈信息档案，通过读者的反馈信息，了解读者的真实需求，以此作为依据及时调整馆藏结构和工作的方向方法。

加强校园文化建设。校园文化活动近年来越来越受到各个学校的关注，成功的校园文化活动能够营造优良的校园文化氛围。

打造精品阅读活动。第一，形成经典"品牌"，建立长效机制。要把经典阅读活动打造成品牌，增强认知度。2008年，复旦大学启动"经典读书计划"，向学生推荐了214本优秀书目，以此来增强学生的人文素养。该校还成立读书小组，邀请了百名专业老师定期指导读书小组活动。有近两千名学生报名参加，成立了上百个读书小组并开展了多种读书活动。经典读书活动不但帮助很多学生改掉了不好的阅读习惯，而且让他们真正了解到阅读的意义，不只是应对考试或打发时间，更重要的是在与伟人的对话过程中思考人生、感悟哲理、获得鼓舞。这种团体形式的阅读活动，能够产生他律作用和群体效应，可以起到模范监督作用，增强阅读效果。第二，创新活动内容与形式。结合实事热点开展征文比赛，指定主题，列出书单，以写促读，让学生既可以获得知识又可以获得荣誉；请一些学生喜欢的青年作家开展读书讲座，这些对调动学生阅读兴趣和提升读书氛围很有帮助。值得注意的是，活动只有不断融入新元素才能够吸引学生的注意力，一成不变的活动会使学生产生厌倦心理。因此，高校在举办读书活动时，即便活动形式受到局限，也要从内容方面来弥补，提高讲座的内容。第三，加大宣传力度。通过海报、横幅、校报、广播、微博、微信公众号等形式对阅读的重要性和相关活动进行宣传，强化学生对阅读意义的认知，为后期开展相关活动做好铺垫。

扶持相关社团的建设。学生社团是大学生基于共同的兴趣或爱好自行组织、自我管理以进行系列活动的团体，是大学生日常生活的组成部分，也是校园文化建设的体现。其能够促进学生培养多种能力、提高综合素质、丰富课余文化生活，并促进校园文化建设，是实现大学生思想政治教育的第二课堂。因此，高校应该重视阅读类社团的建设。第一，要注重提高社团质量。品质是社团的生命，要充分发挥社团形式多样、内容丰富的优势，着重提升其文化内涵与素养品质。可以成立高质量的读者协会，定期举办读书活动，为热爱阅读的学生提供交流的场所，以此来推动大学生阅读。如可成立国学社团，宣扬经典，诵读名著，通过举办国学知识讲座和国学知识竞赛等活动，以此来提高学生的人文素养。第二，要规范管理。社团要制定规章制度并严格执行。社团成员要明确分工，严格考勤，不能无故缺席。

发挥教师的引导教育作用。教师是学生的精神导师，教师可以在教学过程中推荐书目，尤其是思想政治理论课教师。辅导员也要明确自己高校教师的身份，引导学生主动进行阅读。在指导过程中，教师也要与时俱进，创新形式，充分发挥网络新媒体的作用。

思想政治理论课教师和辅导员要充分履行自身职责。思想政治理论课教师作为学生思想政治教育的主要力量，应充分发挥思想教育作用，在阅读中引领学生提高思想认识，树立正确的政治观点和思想观念。思想政治理论课教师要引导学生正确处理课内学习与阅读的关系。课内学习与阅读是辩证统一的关系，课内学习是基础，阅读是延伸，课内学习为阅读奠定基础，广泛的阅读有助于课内学习。教师应该将课堂教学与阅读相结合，使学生既能高效地促进专业学习，又能扩展知识面，开阔视野，活跃思维，增强创新力。第一，要指导学生先完成专业课程的学习，再进行阅读活动。第二，可以为学生推荐经典书目，确定阅读方向，避免学生盲目阅读，又要给予他们足够的自主选择权限，选择适合自己、有兴趣的书来读。要因材施教，有的放矢。第三，指导学生制订阅读计划。为督促学生阅读，任课老师可以在学期伊始让学生制定具体课外阅读计划，列出书目，规划具体的阅读进度和方法，确保阅读活动按部就班地完成。还可以把阅读情况当作平时成绩的考核项目按比例纳入专业课最终成绩里，督促学生阅读的有效实现。另外，辅导员要发挥育人功能。高校辅导员是教育育人、管理育人、服务育人的典型代表，是教师的重要组成部分，是学生的人生导师和引路人。辅导员可以组织开展阅读活动，督促他们在课余时间多读书、读好书，扩大阅读的涉猎范围，形成更加系统的知识体系，兼修专业素质和个人素养，变"阅读"为"悦读"。

指导学生组建读书小组。组建读书小组可以利用团体的约束力引导学生。值得一提的是，读书小组在部分高校取得了较好的效果。吉林大学邓正来教授在2003年成立了"小南湖"读书小组，就指定的书目定期举行讨论活动。活动期间不仅有新书推荐，学生还可以交流读书感想，导师也会进行释疑解惑。这一好的做法值得推广。

充分发挥网络新媒体的作用。网络和新媒体的迅速发展，改变了人们的阅读方式。方便快捷、时效性强的数字化阅读方式成为大学生阅读的重要选择，这就给教师的工作带来了挑战。教师要与时俱进，充分利用网络和新媒体，与学生拉近距离，通过微博、微信、论坛等学生喜闻乐见的新形式，引入社会热点来设置课堂讨论，吸引学生积极开展延伸阅读。

社会优化阅读环境是保障。文化是一个民族的底蕴，阅读是传承文化的重要方式。一个民族需要以经济建设为中心，但决不能放弃阅读，抛弃文化。全社会要加强社会主义精神文明建设，积极弘扬优秀文化，形成良好的阅读氛围。

营造浓厚的阅读气氛。大学生处于思想趋向成型又具有极大可变性的阶段，他们善于接受新鲜事物但辨别力不足。如今社会文化多元化、价值多样化、取向自主化，净化社会环境就显得尤为重要。要在全社会宣传"终生阅读"观念，推广全民阅读，让国民改变阅读只是读书人的事情的观念，让读书成为一个人的生活需求和习惯。如郝振省说："阅读不只是上级的要求和领导的布置，更不能是一种附庸风雅的炫耀，而应真正成为国民生活的一种习惯和国民生活方式。"想要营造良好的阅读氛围，就要积极开展各项活动，发挥公众人物的示范作用和大众媒体的传播作用。

开展丰富多彩的全民阅读活动。目前，我国虽然开展了全民阅读活动，但活动缺乏创意，没有特色。因此，可以开展内容充实、形式新颖的阅读活动。第一，为促进全民阅读的开展，相关部门可以组织开展内容充实的阅读活动，如知识竞赛、演讲比赛、赠书活动、征文比赛等，以形成良好社会风气。活动切忌仪式化，只为追求表面形式而忽略实质内容。第二，还可以创新活动形式，组织特色鲜明的活动。可以突破传统形式的拘泥，大胆开展创意活动，比如现今流行的"快闪"。在这方面可以学习德国，德国在全国读书日这一天，任何人都可以成为志愿者，到学校、地铁站甚至是步行街等公共场合大声朗诵，用自己的热情感染周围人。

发挥公众人物的表率示范作用。公众人物以其自身的影响力和人格魅力影响着许多人。美国主持人欧普拉作为世界最具影响力的女性之一，其号召力是无可比拟的。1996年成立的欧普拉读书俱乐部，它引起了一场阅读革命。欧普拉向观众推荐书目，并邀请作者与读者交流。她推荐的书目范围很广，有通俗易懂的，也有经典名著，凡是她推荐的书籍，毫无例外地都成了全美畅销书，美国的读书俱乐部在三年间由25万个变成50万个，直接翻了一番。

利用媒体的舆论宣传阅读。随着科学技术的进步，传播方式的不断变化，利用报刊、广告、电视等媒体舆论宣传阅读是不可或缺的手段。如近几年出现的电视节目《中国诗词大会》《见字如面》《朗读者》等文化类节目被网友称作综艺清流，引爆了人们对人文精神的追求，让观众直呼想要阅读，豆瓣评分更是大大高于其他综艺节目。没有哗众取宠，没有大肆宣传，却安静地走红了，收获好评无数。这些节目让人们远离浮躁，回归初心，拿起书本，静静阅读。《朗读者》节目组更是在全国各地设立朗读亭，邀请读者进亭朗读，不同职业、不同年龄段的人在寒风中等待几个小时，只为朗读这件事。

加强公共图书馆建设。公共图书馆是发展公共文化事业的重要力量，是读者获取资源的重要途径。充分发挥公共图书馆的公益性，扩大其影响力，可以调动起广大读者的积极性，促进全民阅读。可以从以下几个方面加强公共图书馆建设：

扩大公共图书馆的覆盖率。图书馆建设是开展阅读活动的基础。国家要投入资金人力物力，继续公共图书馆的建设，扩大其覆盖率，让更多的人身边有可利用的资源。要重点加强中西部偏远地区图书馆建设，缩小与发达地区的差距。社会公益组织和经济发达地区应该给予相对落后地区经济上的帮助。

增加藏书量并提高服务质量。第一，公共图书馆可以从改变自身环境入手，改变其严肃的面孔，通过改造图书馆的外观与内饰来营造舒适自由的环境，让人们愿意到图书馆来读书。第二，增加藏书量，通过技术使文献资源数字化，可以满足不同年龄段、不同兴趣的人的需求。第三，工作人员要提供优质的服务，做好导读工作，从而增加图书的借出量。

开展特色读书活动。要结合本地特色，开展特色活动。如东莞图书馆的经验就值得推广和借鉴。东莞聚集了大量的外来人员，既有高级知识分子，又有普通的工人，东莞图书馆结合自身的特点，举办外来员工"读书学习、争做新东莞人"演讲比赛活动，丰富了人们的业余生活，产生了良好的社会效应。

加大宣传力度。提高公共图书馆的社会认知程度，让人们了解并自觉使用公共图书馆。另外，定期推介优秀图书，针对不同群体采用不同的媒介。

出版更多优质图书。出版社要遵从时代发展的规律，调整出版内容和形式，出版更多的优质图书，这样才可能实现经济利益和社会利益的共同实现。并且可以与学校加强联系，开展图书进校园活动。

（四）家长重视子女阅读教育是基础

家长是孩子的第一任老师，要重视子女的阅读教育。

提高认识，转变观念。家长要认识到阅读的重要性。家长要认识到广泛的阅读对孩子的一生都具有重要的影响，要把子女的阅读教育落到实处。人是用语言进行思维的动物，思维的清晰度和语言的清晰度成正比，阅读可以帮助语言快速发展，进而促进思维的发展。波士顿大学Barry Zuckerman教授表示：越早接触图书的孩子，越会在很多方面明显优于其他孩子，比如说词汇量更大、文学素养更高、更容易适应幼儿园教学等。家长可以从两方面提高认识：第一，家长要与时俱进，多阅读相关书籍，丰富知识储备，这样才能提高自身素质。第二，多与周边家长、朋友沟通交流经验。通过交流，获取最新信息，更新观念。

家长要懂得循序渐进。第一，克服实用主义，阅读与认字要相辅相成。家长不要过于急功近利，仅仅把阅读当作识字的工具，提要求、下任务，而是要让孩子在阅读过程中识字。作家毕淑敏说："树不可以长得太快，一年生的当柴，三年五年生的当桌椅，百年的树才是栋梁材。"第二，勿把阅读当任务。阅读的重要性不言而喻，但是也要适度，不要把阅读当作是孩子必须完成的任务，让孩子牺牲休息时间来阅读，不要为阅读而阅读，而是要重点培养孩子的兴趣。

让孩子掌握阅读主动权。家长要充当引导者的角色，有意识地培养孩子的自主选择能力，不能全权包办。家长可以和孩子一起选购图书，根据孩子的年龄、个性特征和思维发展特点划定一定的选择范围，至于孩子如何选择，则由孩子根据自己的兴趣爱好来决定，以此来培养孩子的主动性。

创造良好的家庭阅读环境。家庭氛围的好坏直接影响孩子的阅读状况。营造良好的家庭阅读氛围是让孩子喜欢读书最有效的方法之一，可以让孩子在无形中受到影响。家长要重视亲子阅读。亲子阅读是指在轻松愉快的家庭气氛中，家长陪伴子女，或与子女共同阅读的一种活动。融创造性、灵活性、自主性于一体，既是一种学习手段，也是一种生活方式。亲子阅读不仅能够拉近双方的距离，增进感情，还能缩小孩子与书籍的距离，培养孩子的兴趣。德国人热爱读书就得益于家长对孩子从小的培养。德国一项调查显示，德国超过八成的家庭每天进行亲子阅读。亲子阅读是德国家长重要的日常生活的一部分，家长不会为工作而忽略陪子阅读。我国家长可以从中借鉴经验。家长要制订一定的计划，在阅读时间的选择、时间的长短上要形成定性，并在孩子的日常生活中持之以恒，让孩子形成一种自觉阅读的习惯。家长即使工作很累，每天也应该抽出一点时间，陪伴孩子阅读，和孩子一起讨论。哪怕每天十分钟，长此以往，对于孩子都有很大的帮助。

家长要以身作则。家长要为孩子做榜样，自己带头阅读，养成好的阅读习惯，把阅读当作是生活的一部分，才能为孩子树立好的榜样。还可以带孩子参加一些阅读活动，让孩子在耳濡目染中养成好习惯。

用书装点家庭。用书来装点家庭，让孩子始终处在一个充满阅读氛围的环境中。为孩子布置书房，使家中处处充满书香，便于孩子在闲暇时间能够自由阅读，沉浸在书的海洋中。

参考文献

［1］张燕．20世纪80年代以来美国阅读教育改革与发展研究［D］．2011.

［2］良田．世界主要国家的阅读理念及其教学模式比较［J］．当代教育论坛，2008（3）：112-115.

［3］严素霞．安徽省高校图书馆阅读推广活动调查与分析［D］．合肥：安徽大学，2016.

［4］黄如花．图书馆学研究进展［M］．武汉：武汉大学出版社，2017.

［5］邱冠华．图书馆阅读推广基础工作［M］．北京：朝华出版社，2015.

［6］王笑寒．安徽省高校图书馆阅读推广研究［D］．合肥：安徽大学，2015.

［7］李强天．大学生阅读现状及成因探析［J］．科技资讯，2009，（34）.

［8］陈博涵，刘凡儒，马文飞．不同年级大学生人文社科类图书阅读偏好和变化趋势研究——以大连理工大学图书馆为例［J］．晋图学刊，2021（5）.

［9］廖利．阅读倾向视野下的大学生人文素养——基于贵州师范大学图书馆社科类图书借阅数据的实证研究［J］．中共贵州省委党报，2015，（4）：105-109.

［10］欧继花．大学生阅读动机及其与阅读、购买行为的关系研究［D］．武汉：武汉大学，2016.

［11］韩雪屏．中国当代阅读理论与阅读教学［M］．成都：四川教育

出版社，1998．

［12］高瑞卿．阅读学概论［M］．长春：吉林教育出版社，1987．

［13］周兵．高校不同年级大学生阅读倾向研究［J］．兰台世界，2013（29）．

［14］申林静．高校建立阅读学分制的策略研究［J］．百科论坛电子杂志，2018（10）．

［15］刘爱花．高校建立阅读学分制的策略研究［J］．教育教学论坛，2015（7）．

［16］陈靖．高校图书馆分专业阅读推广工作研究［J］．重庆广播电视大学学报，2020（3）．

［17］王立新．高校图书馆服务创新新举措：阅读学分制［J］．图书馆工作与研究，2010（03）：89-91．

［18］杨庆书．学分制管理模式下高校图书馆阅读平台的建设研究［J］．河南图书馆学刊，2016，36（06）：42-44．

［19］冯惠敏．中国现代大学通识教育［M］．武汉：武汉大学出版社，2004．

［20］查颖．阅读与大学生发展的关系研究［D］．上海：华东师范大学，2017．

［21］巴丹．阅读改变人生［M］．北京：东方出版社，2009．

［22］王余光．中国阅读文化史论［M］．北京：图书馆出版社，2007．

［23］曾祥芹，韩雪屏．阅读学原理［M］．郑州：河南教育出版社，1992．